dig|tu/
|ndie
publ|/her/

Contrapuntos VI

❖

Ciudades (in)visibles

Marcos Pico Rentería, ed.

dig|tus
|ndie
publ|shers

EDITORES INDEPENDIENTES
Monterey, CA

Fotografía · *Photography*: Rubén E. Reyes, Mauricio Tovar Valenzuela, Ángel Vidal Cortizo.

Diseño · *Design*: Arturo Torres, Marcos Pico Rentería.

Consejo editorial · *Editorial board*: Dr. Erika Bondi · *Sichuan University*, Jennifer Byron · *National Geographic Learning*, Dr. José R. Flores · *Whittier College*, Dr. Erin Gallo · *Lane Community College*, Indira Y. A. García Varela · *University of Kansas*, Dr. Daniel Holcombe · *Georgia College*, Marvin González · *The Playwrights' Center*, Nallely Morales · *Grand Canyon University*, Dr. Marcos Pico Rentería · *Defense Language Institute*, Ángel María Rañales Pérez · *University of Kansas*, Edgar Roca · *Defense Language Institute*.

First print edition: 2018

ISBN Digitus Indie Publishers: 978-0-9982539-2-3

Impreso y hecho en EE.UU.
Printed and made in USA

ISSN 2 4 7 2 - 2 0 6 5 (print)
ISSN 2 4 7 2 - 2 0 7 3 (online)
www.digitusindie.com

ÍNDICE · CONTENTS

NOTA A LA EDICIÓN

Para el nuevo número de Contrapuntos descubrimos nuevas y distintas colaboraciones que crean una agraciada polifonía literaria. Mientras se trabajaba en la propuesta inicial para el nuevo número se pensó en una armonía entre la fotografía, poesía, ensayo y narrativa. Como propuestas recibimos distintas y muy variadas en género que ahora existen dentro de las siguientes páginas del sexto número de nuestra revista creando *Ciudades (in)visibles* entre sus páginas.

La colección abre con un ensayo de Indira Yadira A. García Varela que titula "Curaduría fotográfica: *Relatos Invisibles*". Su colaboración es un texto que presenta a dos fotógrafos con obras que ella describe como *ciudades*, como aquellas de Calvino, construidas a partir de la imagen. Los trabajos fotográficos de Rubén Elyn Reyes (México) y Ángel Vidal Cortizo (España) crean sus relatos en dichas *ciudades* a partir de una curaduría que enmarca a cada una de ellas. Al pasar por las páginas, las imágenes exaltan las amplias distancias sociales. Mientras Reyes dibuja la *América* empobrecida, Cortizo destaca la urbe de la moderna España. La narración que se teje al pasar las páginas que dejan un contraste marcado por la mirada, o *gaze*, de cada uno de ellos. García Varela, pues, nos ofrece una visión muy precisa de sus *ciudades* a partir de la impresión fotográfica.

Como un segundo acorde a la colección aparece un trabajo de la cronista Susanna Chávez-Silverman, autora de *Killer Cronicas* (UW Press, 2010). En "Otro (mi) modo de ver crónica" es una muestra de la poética plurilingüe que se reviste del español, inglés y afrikáans en una sola crónica. Crónica que, además de ilustrar su poética, hilvana con un sutil 'hilo' la literatura, clásica y moderna, con su vida amorosa de su pasado y presente. La crónica parece una visión introspectiva a su *ser*, cosmogonía compleja del *yo* que invoca al viejo adagio que años atrás mencionó en una de sus aulas David William Foster y ahora parafraseo: "si la ciencia se dedica al estudio del

1

inmenso universo, nosotros [en las humanidades] nos dedicamos al estudio de uno más vasto y complejo; el interior del *ser* humano". La crónica que ahora nos presenta Chávez-Silverman es un vistazo a ese *ser* que se hilvana a través de la palabra.

Como tercer canto se presenta un relato de Guillermo Corral que lleva como título "Surtidores". Una historia que cuenta las aventuras de unos jóvenes de costa que coexisten en torno a un encallamiento de una ballena. La ballena moribunda aparece como paralelo al deseo del joven protagonista por una chica que entrada en la historia comparten momentos íntimos y, a palabras del narrador, el efímero *bildungsroman* es "como nadar una noche de verano en un mar tibio y oscuro".

La brevedad del estribillo no es equiparable con la resonancia de su presencia. El palabrista José Manuel Ortiz Soto, cultivador de la palabra, nos presenta una serie de minificciones que desfilan por las páginas de Contrapuntos mostrando mundos completos a pesar de su corto y sonoro vivir. Leer los títulos es más que suficiente para darnos cuenta de la amplia gama en su narrativa. Entre la selección de minificciones aparecen los minicuentos "Después del naufragio", "Romeo y Julieta", "Génesis", "Naturaleza viva", "Floración", "Oscura obsesión", "In memoriam", "Cicatrices o el árbol de Diana", "Desembarco", "Fuga" y "Pasos". Todos y cada uno de ellos se sostiene como una narrativa completa e indeleble de la historia de la narrativa. Las minificciones de José Manuel Ortiz Soto se encuentran revoloteando alrededor del canon literario y ahora aparecen en forma de estribillo intertextual.

Cambiando el tempo aparece un cuento de Pablo Iglesia con su trabajo que titula "Tendido telefónico". En él, Iglesia comienza con el mundo de la escena musical madrileña donde el protagonista conoce a una joven, Diana, con la cual resultan en un viaje a las afueras de la ciudad. En su viaje, ambos se enfrentan a la cruda realidad de unos tipos que tratan de tomar ventaja de su situación. Todo parece un tema de *rock and roll* que se resuelve al terminar la canción.

Mauricio Tovar Valenzuela bajo el nombre de *Funky Cook*

contribuye a la colección con una serie de su arte urbano, o *Street art*, que ha ido decorando varias ciudades y que ahora nos la comparte vía su cuenta en *Instagram* y otros medios sociales. Su arte es la combinación de aerosoles y fotografías que van creando un *pastiche* gráfico aludiendo a la multiplicidad de culturas. Toma prestado tanto de la cultura norteamericana y española sin dejar atrás el imaginario mexicano. La mixtura a la mano de *Funky Cook* se puede apreciar en este número dejando marcada una singular vista al arte en el museo abierto: *la ciudad*.

Julio Cisneros comparte a esta colección "El hijo del telegrafista" donde invoca las imágenes de un Guatemala rural con una triste historia de un hijo que busca un hogar. El protagonista del relato se llama Santiago, un niño que apenas conoce el concepto de familia mientras lo construye a través del cuento. Cisneros comparte un colorido paisaje que acomoda en el centro del mismo una historia que atiende a la relación familiar en la zona rural guatemalteca.

De Guatemala pasamos a Paraguay con la entrega del escritor Sebastian Ocampos que nos comparte su cuento "La perra de enfrente". Ocampos comparte una historia donde los dos perros son los supuestos principales actores de los acontecimientos. Ernesto, tributo a Hemingway, y Marta, a la esposa, son dos perros que entrelazan los aconteceres de barrio entre una familia y un personaje basado en el asesino convicto español Emilio Hellín Moro acusado de ser protegido bajo el régimen militar de Alfredo Stroessner. Ambas historias están entrelazadas de manera peculiar. De corte histórico-anecdótico, Campos es capaz de mantener un buen ritmo de la trama y terminar en un suspenso donde los perros son de suma importancia a la historia.

Francisco José Medrano Cuadra nos hace volver a la música a partir de sus poesías. El primero de los cuatro poemas, "En la sombra del Tiki", la voz poética reflexiona ante la "situación del país". La hiperbolizada insignificancia de la "lagartija jurásica" que observa el yo poético aparece como un rudimentario tropo a la antigüedad. "Marina" es un apóstrofe a la amada donde el *yo* declara su amor, no solo a esa mujer, sino a toda la morfología poética de la

3

siempre cambiante *Marina*. En tercer lugar, Medrano Cuadra escribe "Dios me hizo hombre" como clara respuesta al conocido poema de Giocanda Belli. Cierra su colaboración con "Lo que perdemos" que muestra el colmo por la decepción en crescendo que termina en la aceptación del fin del ser ante la reflexión de cómo "perdemos la vida".

De vuelta a la narrativa nos encontramos con un relato del escritor mexicano Luis Felipe Lomelí que lleva como título "Parte de familia". El autor nos sitúa en el "centro del Déefe" que se presenta como una lejana pertenencia del espacio. El ambiente no es otro que la vida del transporte, el abastecimiento al exterior. En el relato existen varias narrativas en distintas direcciones que va de la mano con la metáfora de las carreteras. Los varios caminos que toma la historia acarrean al lector nuevamente a ese centro, que comienza a oscurecerse y tomar otro dueño, los moradores de la noche, los que son en realidad parte de la familia que compone ese espacio.

Todavía en el centro del país, Carlos Ponce Meléndez presenta una Ciudad de México aturdida por un terremoto en su colaboración que titula "¿No lo podrían dejar enterrado?". El relato recuenta la historia de la esposa de Juan Nepomuceno Juárez la cual ahora mora los escombros a la par de un joven bombero. La esposa se enfrenta a la dicotomía ante su abusivo esposo: dejarlo morir o rescatar al hombre que tanto la ha hecho sufrir. La confusión a su vez se ve reflejada en el joven rescatista que empatiza con la mujer. Así pues, los personajes se ven acongojados de cierta manera que al final se muestran, como su ciudad, en escombros.

Rich Gerston trae a la colección un poema compuesto con nombres de ciudades del país en el cono sur, Chile. Divertirse al leer el poema en voz alta resulta difícil ya que desde el inicio indica el lado lúdico del poema. Por su parte, Michael T. Smith comparte una serie de poemas como "A friend of mine", "Film", "Our dreams on a stroll", "To steal a cento" y "Untitled". Cada uno de los cuatro se correlacionan por la constancia en la voz poética que rítmicamente acierta en las cuatro poesías.

Al final de la colección comparte su servidor un breve relato que toma lugar en la ciudad de Reno. Ciudad que ya ha quedado en el pasado pues la existencia de la tienda de discos "Tower Records", que también es el título del cuento, ya ha pasado a la historia. La historia es de un joven que apenas aprende inglés y duda de sus habilidades al momento de comunicarse. Para poder ser parte de la cultura hay que guiarse por el mismo lenguaje para pertenecer a esa ciudad de códigos lingüísticos, nueva para él.

Cada uno de los textos que ahora se presentan son el mapa que muestra el camino pavimentado, por la palabra e imagen, que permite la constante intermitencia en la imaginación, la creación y recreación de las ahora presentes *Ciudades (in)visibles*.

Marcos Pico Rentería
Monterey, 2018

CURADURÍA FOTOGRÁFICA:
RELATOS VISIBLES

Por: Indira Yadira Arianna García Varela
Fotografías de: Rubén E. Reyes y Ángel Vidal Cortizo

Fotografía 1
Rubén E. Reyes, 2011

Creando un retrato como la suma de
múltiples personas, la identidad del yo se
disuelve para aparecer como un producto
de interacción social.
Joan Fontcuberta.
V Coloquio de fotografía
latinoamericana; México, 1996.

UNO DE LOS PROPÓSITOS generales de agrupar estas quince fotografías en un mismo espacio es repensar y percibir las funciones o consecuencias que hasta hoy compone el género del retrato. Con ello, se pretende señalar el punto de encuentro entre el retrato fotográfico y el literario, a partir del cual se producen los relatos. Estos se consideran separados del discurso que se posibilita a través del relato mismo; es decir, se hace hincapié en las posibles narrativas del objeto textual y no así en el discurso al que se suele atender ante la ficción de una obra.

Tal tesis proviene de volver a la obra literaria de Italo Calvino, *Las ciudades invisibles.* Las primeras reflexiones que surgieron se concentran en la relación entre lo arquitectónico y las características de lo que habita en sus ciudades invisibles. No contenta, ni satisfecha de la conclusión, hice una relectura y regresé al prólogo; el libro que Calvino construye[1] no se limita a las descripciones de diversas ciudades, ni en modelar una comunidad utópica tal como suele decirse en los estudios de la crónica y del libro de viajero. Gracias a la abundancia descriptiva que hay en cada una de sus páginas se ha hablado de las quimeras y de los mitos que nacen a partir de las minuciosas descripciones que ofrece en particular este género literario. Se ha hablado de cómo los detalles que provienen de la arquitectura, de la forma de vida y de los hábitos o costumbres, nacen mitos basados en una realidad que el viajante observa e intenta comunicar a un receptor que desconoce los lugares al que asiste. Se ha reconocido que, en las primeras crónicas, tanto las orientales, como las que se escriben a partir de la llegada a las Américas, los

---

[1]   La palabra la utilizo con la intención de recalcar el hecho de componer el relato por medio de diversos documentos o archivos que él mismo identifica en el prólogo de la obra; *Las ciudades invisibles.*

lugares reflejaban los espacios que deseaba poseer el receptor. En contraste a lo anterior, el caso de Calvino resalta las cuestiones ficcionales del retrato y sobre todo señala el proceso de creación de una narrativa que permite al lector imaginar. Tal como lo menciona el autor, *Las ciudades invisibles* es un cúmulo de pensamientos, de información que se archiva y que produce colajes, fusionando la información coleccionada:

> [C]uando escribo procedo por series: tengo muchas carpetas donde meto las páginas escritas, según las ideas que se me pasan por la cabeza, o apuntes de cosas que quisiera escribir. Tengo una carpeta para los objetos, una carpeta para los animales, una para las personas, una carpeta para los personajes históricos y otra para los héroes de la mitología; tengo una carpeta sobre las cuatro estaciones y una sobre los cinco sentidos; en una recojo páginas sobre las ciudades y los paisajes de mi vida y en otra ciudades imaginarias, fuera del espacio y del tiempo. (Calvino 12)

A partir de esta explicación por parte de Calvino se entiende que en su texto construye una serie de retratos, de relatos y de su formación. Si bien en un principio, en una lectura superficial, se observa el detalle al espacio que la voz narrativa ofrece a su destinatario, en un análisis más profundo se puede deducir que Calvino presenta diversos encuadres en los que el espectador debe prestar atención y escuchar, para así darle vida y visibilizar el relato. La ficción fotográfica se facilita de manera similar, si bien debemos distinguir la diferencia en su contexto estético, el acto de creación es semejante, por lo que aquí la selección de imágenes se convierte en un símil a *Las ciudades invisibles*. Existe entre estos dos un punto de encuentro, el retrato convierte en visible al relato. Tanto en las fotografías de Rubén E. Reyes como en las de Ángel Vidal Cortizo se muestra una necesidad de encontrar en su personaje, lo que aquí llamaremos, la palabra, y con ella crear la ficción. Aunque con técnicas distintas, los dos fotógrafos les otorgan a sus personajes un espacio que les identifique y en dónde exista la interrelación entre sujeto y contexto.

En el caso de Rubén E. Reyes, el proceso para concebir la narrativa es el aislamiento. Véanse los cuatro retratos de los personajes, la cámara se concentra en el sujeto, apartándolo del espacio al que pertenece. El observador escucha lo que dicen los retratos mediante el contacto directo, frente a la fotografía no hay nada que lo distraiga. La imagen no permite que el espacio interceda o influya al espectador, dejando que este tenga solamente la información del personaje; los gestos hablan, son la manera de contar quiénes son; las miradas, las posturas relajadas, qué visten, todo apuntando o relacionándolo al lugar al que pertenecen. O más bien, los *des-identifica*, los aparta del lugar al que pertenecen, permitiéndole al lector imaginar de dónde son. Lo mismo sucede con las cuatro fotografías de la zona a la que estos personajes pertenecen: aquí son los objetos o ciertos elementos presentes en las fotografías quienes hablan del quién la habita. Es decir, más que identificar un lugar geográfico describen al sujeto que la habita; la ausencia del personaje se hace presente mediante lo que se presenta enfrente, véase, por ejemplo las imágenes dos y tres. En ambas fotografías hay rastro de vida: la cama, la mesa, la ropa, son índice de una huella, de alguien que acaba de irse o que en cualquier momento llegará. Si bien en los retratos, presenciamos una narrativa individual, que viene directamente del sujeto frente a la cámara, estas dos imágenes en específico nos permiten entrar en un espacio con un nivel más privado. Mientras tanto, la imagen siete y ocho limitan el acceso a lo privado, pero sin dejar de tener la huella del sujeto al que están representando y con el que comparten una esencia que los identifica: las sombras de la ropa en la octava fotografía, el vaso y la botella vacía en la séptima. En su totalidad, las fotografías de Rubén E. Reyes, recrean el relato de manera aislada, recíprocamente el personaje y esos espacios privados se contextualizan y hablan de sí mismos.

En contraste a este relato mediante el aislamiento, las fotografías de Ángel Vidal Cortizo visibilizan el relato mediante la unificación o asociación del personaje y de su espacio. En cada una de las imágenes se incorpora al personaje en su hábitat, los ubica dentro de un mismo espacio. El espectador debe poner atención a las poses en conjunto con el lugar en el que se encuadran y lo que llevan con ellos: sean gafas, ropa u otros complementos. Véanse los cinco retratos de los jóvenes que posan para una cámara. Como resultado, Ángel Vidal Cortizo obtiene que los gestos no sean los únicos que hagan visible al relato. Las poses, la manzana, las gafas o la vestimenta, son incorporados al espacio que les rodea, son parte de una ciudad. Hay una presencia, una combinación de detalles que dicen a qué lugar pertenecen, que conforman una zona de mercado. No hay señal de lo privado, por el contrario, es el público lo que importa, se habla desde fuera. Inclusive en las fotografías de doble exposición, los edificios se intersectan para compartir un mismo espacio y exponen un límite a lo privado. Las ventanas que se observan en el edificio no permiten la entrada a un interior y la antena en la quinceava fotografía de doble exposición es signo de lo público, de los medios de comunicación. Tanto los personajes como la ciudad que Ángel Vidal Cortizo nos presenta exponen un disfrute de pertenecer y de identificarse con su lugar geográfico concreto.

Lo mismo ocurre en *Las ciudades invisibles*. Por un lado Calvino se concentra en los personajes aislándolos del espacio en el que habitan, y por otro reunifica al personaje mediante el personaje mismo. Esto se observa particularmente en los capítulos titulados "Las ciudades continuas" y "Las ciudades y los nombres" que aparecen a partir del cuarto y séptimo capítulo. Los nombres[2], siempre femeninos, tienen una doble función; en la primera se da como espejo de la ciudad y en la segunda las individualiza: "La ciudad de Leonia se rehace a sí misma todos los días: cada mañana la población se despierta entre sábanas frescas, se lava con jabones recién sacados de su envoltorio, se pone batas flamantes, extrae del refrigerador más perfeccionado latas todavía sin abrir, escuchando los últimos sonsonetes del último modelo de radio"(Calvino 125). Cuando se encuentra bajo esta primera función, la descripción de la ciudad depende del nombre que se le asigna al espacio geográfico, van ligados al grado de que no pueden verse separados, tal como las imágenes de Ángel Vidal Cortizo. Mientras que en el segundo sentido, se aísla el nombre de su lugar geográfico, tal como las imágenes de Rubén E. Reyes: "Cada nueva Clarisa, compacta como un cuerpo viviente, con sus olores y su respiración, exhibe como una joya lo que queda de las antiguas Clarisas fragmentadas y muertas" (Calvino 119). En este caso el espejo refleja lo que no necesariamente corresponde a la figura del retrato del personaje sino a su representación; la ciudad.

La unión de las fotografías de Rubén E. Reyes y de Ángel Vidal

---

[2]   Nótese la ausencia de los nombres o títulos de las fotografías en esta curaduría. Bajo esta ausencia existe una intencionalidad: la no identificación con un espacio determinado. En otras palabras, se les extrae una parte de su identidad para formar parte de un todo, de cualquier espacio y a su vez formar un conjunto dentro de la narrativa curatorial.

Cortizo, nos permite entender el encuentro entre la composición fotográfica y la composición literaria del género retratista. Muy a pesar de que este grupo de imágenes se compone de dos archivos totalmente diferentes; retrato rural y retrato urbano, técnica de reclusión y de combinación, acceden a una nueva función al ser unificados, originan nuevos relatos que quieren ser escuchados e identificados. Dentro de este espacio curatorial, existe una taxonomía, es decir, el personaje es quien habla del espacio que lo rodea, o, es el espacio quien describe al personaje. Así mismo lo han hecho los cronistas que hasta ahora se han conocido — Marco Polo entregaba a Kublai Kan un retrato de aquellos lugares inexplorados a través de la mirada del extranjero o del viajante. En su mirada, frente a su próximo personaje y atraído por las peculiaridades individuales de quien están frente a la cámara, es indudable que yace en el fotógrafo la necesidad de sacar su cámara y apuntar a quien quiere conocer o imaginar en la mayoría de los casos. Cualquiera que sea el método de composición del retrato, los diferentes componentes coexisten ofreciéndole al espectador una historia todavía por contar, la cual el fotógrafo se esfuerza por narrar y el espectador por escuchar. Si bien lo señala Calvino a través de su personaje Marco Polo: "lo que dirige el relato no es la voz: es el oído" (Calvino 145). En lo que atinge a los espectadores del texto fotográfico, el ojo tiene una doble función, puesto que no se limita a observar; el ojo se concilia y se convierte en el oído del espectador.

Lawrence, Kansas, a 16 de septiembre de 2018.

Fotografía 2
Rubén E. Reyes, 2011

Fotografía 3
Rubén E. Reyes, 2011

Fotografía 4
Rubén E. Reyes, 2011

Fotografía 5
Rubén E. Reyes, 2011

Fotografía 6
Rubén E. Reyes, 2011

Fotografía 7
Rubén E. Reyes, 2011

Fotografía 8
Rubén E. Reyes, 2011

Fotografía 9
Ángel Vidal Cortizo, 2018

Fotografía 10
Ángel Vidal Cortizo, 2018

Fotografía 11
Ángel Vidal Cortizo, 2018

Fotografía 12
Ángel Vidal Cortizo, 2018

Fotografía 13
Ángel Vidal Cortizo, 2018

Fotografía 14
Ángel Vidal Cortizo, 2018

Fotografía 15
Ángel Vidal Cortizo, 2018

OTRO (MI) MODO DE VER CRÓNICA

Susana Chávez-Silverman

> *For David "Divinito" Divita,*
> *quien me hace pensar (y sentir)*
> *Y para Alejandra Pizarnik y*
> *Rosario Castellanos, QEPD*

29 abril, 2017
25th anniversary de los dizque L.A. riots y
Cumple de Alejandra Pizarnik
Claramonte, Califas

PENSANDO EN LO QUE ME DIJO el Div el otro día, when I was kvetching to him (only a little hair, prometo) about las disappearances and reappearances de mi advisee y compinche la Ale-C en este su final semester en college. En su siempre bridging-, let's see the other (or *all*) sides of this mode, me entonó, instructively: "there's *always* another way of looking at things." Quizás sea true. Or, OK: it *is* true. No olvidemos ese hermoso maxim de la Castellanos: "debe haber otro modo de ser...[más] humano y libre." El cual, bien mirao (*pace* Sor Juana), no es exactly the same after all— being no es seeing—pero ni modo. Close enough.

Pero también me parece que en algún momento, eventually, we have to choose. Just pick one entre las varias (o infinitas) versiones. Y ¿sabes qué? Los astros me apoyan, carnal. Check out lo que escribe mi astral-guru, el Astrobarry:

> *This* is the moment we've been building towards throughout Venus's retrograde; there's no turning back. One especially ripe theme during this time: recognizing the inescapable problems which arise from leaving things open, playing both sides, and/or refusing to choose. We can't have what's behind Curtain Number Three *and* Door Number Four, not both at once. So, which is it?

¿Ves? Es como podar un árbol. Cortar por lo sano, like they say, dejar que las ramitas menores, las más dweedly, las weaker branches, caigan a la tierra. Volver a enterrar (pero gently, gently, *mindfully* esta vez) los rhizomes y su peligrosa, si potente, proliferación. If we don't, ¿cómo no volvernos locos en la vida? ¿Y en la escritura? Por más que yo abogue por la ética de "live with the question" (or "inhabiting the gray," per Leslie, mi therapist), eventually we have to choose, elegir la versión más compelling y damn the torpedoes, pace Tom Petty.

In my case—en cuanto modo de ser *y* ver—the version I choose, mi hilo de Ariadna, es Montenegro. Which, I reckon, makes me Theseus (I've always loved ese vato, desde que leía todas las Mary Renault novels mientras yacía, sulky y antisocial, en la playa en Galicia a los 15 años, pissed off con mis padres por haberme sacado de la Harbor High en Santa Cruz, spirited off to 18 months in Franco's Spain, en la mere mere cúspide de mi nanosegundo de teen popularity). Otro gender reversal…para variar, jaja.

Anygüey Div, since you asked about my writing: dejaré que HH (for highveld Howie, per Wim) se asome, OB-vio. He's the unavoidable flip-side del Montenegro/HH dyad. So of course ese vato'll have to put in an appearance. Actually, he's all over Part II, the middle section, la que he bautizado mi heart of darkness (hence: my avoidance). It's all about him—más bien su absence—in South Africa en los early 80's. Habrá que encararle. Para honrar (¿autorizar?) mi decisión de no quedarme. Or more precisely: de quedarme en South Africa, but without him. En una cahcarita de nuez: Montenegro y yo, this is my book. O…el hook, jaja. El through-line.

Divinito: si no nos aferramos a un hilito certero, we'll be undone, pace Pizarnik: "la cantidad de fragmentos me desgarra." Remember that brill Andrew Haigh film, "45 Years" (pensando en versiones vividas, negadas, enterradas)? El husband, Geoff, había elegido enterrar su heart-truth, along with Katya, su true love. Optó por (re)hacer su vida, with Kate (hasta su nombre a cruelly tame, domestic echo of Katya). Todos esos 45 years: a factory director (yawn), a heavy smoker. Pero OJO: el heart attack que había hecho sideline su 40th-anniversary fest hinted at, me parece, the emotional truth glacier-buried underneath.

Mi Howard ha hecho sustancialmente lo mismo. 30-plus years

de contención. His *"buffel*-temper." Su "miserable git" *modus vivendi.* Still smoking, 30 years on…Pero unlike el Geoff de "45 Years," at least Howard (transmutado en su epic Love Story avatar, Montenegro, por nuestro Montalvo-magic reconecte de 2008) se permitió tantear el glacier. No, coño, el vato went spelunking all the way into our entirely unexpected post-millennial deshielo, de 2008 hasta 2012.

Hasta que su propio health scare (el día del fucking Mayan Apocalypse, *nogal*)—y las repercusiones—hizo que ese mi Selkie-spelunker se soltara del hilo. Down down, down he went again, reclaimed, patrás a su (otro, watery) underworld.

Pero unlike la Katya (la larger-than-life, dead glacier-girl en "45 Years") heme aquí, viva. Vivo para contarlo. Nuestra love story. My way. Anygüey, no me queda otra, ¿que no? *Ek kannie anders doen nie, ne?*

SURTIDORES

Guillermo Corral

LA BALLENA APARECIÓ llegada de ninguna parte. Simplemente una mañana estaba allí, negra, gigantesca, flotando en el puerto, en las mismas aguas oscuras donde la noche antes solo brillaban las manchas tornasoladas del gasóleo. Más y más atascada con cada reflujo de la marea, su cuerpo inmenso rozándose con un chirrido gomoso contra los neumáticos podridos que colgaban de las paredes de la dársena.

Era domingo y pronto se formó una multitud. Algunos decían que la ballena ya había llegado muerta pero los que más sabían explicaban que todavía vivía, que se salvaría si podía regresar al mar. Mientras mirábamos los guardias trajeron el remolcador y con muchas dificultades le amarraron la cola con un cabo bien grueso. Luego trataron de arrastrarla de vuelta al mar abierto.

El esfuerzo fue inútil, cuanto más maniobraba el remolcador más encajada parecía estar la ballena. Los tirones del motor solo servían para hacerla girar en redondo y para que se revolviera furiosa, la soga cada vez más enredada y la cabeza descomunal golpeándose una y otra vez contra el muelle. Había momentos en los que parecía que lo lograrían, y la tensión de la soga lograba hacer emerger al monstruo durante un instante, pero enseguida volvía a hundirse, arrojando un diluvio de agua pestilente sobre los curiosos.

Siguieron así varias horas más, hasta que el motor se recalentó y se convencieron por fin de que no habría manera de hacer que la ballena cruzara la bocana. Para entonces ya era noche cerrada y el frío espantoso había ido menguando el grupo de mirones. Aún así unos cuantos aguantamos hasta el final, hasta que las luces del remolcador desaparecieron a lo lejos y los guardias nos echaron a gritos, mientras precintaban el muelle, "Venga coño, se ha acabado la fiesta, todo el mundo a casa".

Fui uno de los últimos en marchar. Ya tenía catorce años y había oído contar muchas veces viejas historias de cuando los hombres del pueblo solían cazar ballenas. Cetáceos colosales de los que comían veinte familias durante un mes y cuyo aceite valía al peso más que el oro. Pero todo eso había sido en otra época, antes de la guerra, cuando en los días claros todavía se podía ver hasta Inglaterra. Que una ballena pudiera venir ahora, por su propia voluntad, a morir en nuestro puerto, me parecía una maravilla tan increíble como la gran nevada que había emborronado las calles y sepultado la estatua de la Virgen tres inviernos atrás.

Tenía además otra buena razón para haberme pasado todo el día ahí, sin hacer nada, mirando los tira y afloja entre el remolcador y la ballena. La tarde antes, había recibido una oferta inesperada y había aceptado sin más. Después me había arrepentido, pero tampoco quería desdecirme, así que el espectáculo de la ballena había servido para que me olvidara del asunto durante un rato.

Terminado el entretenimiento, regresaba también el desasosiego. Ya no podía hacer nada. Me había comprometido a presentarme a la mañana siguiente a primera hora en la conservera. Una de las enlatadoras había pillado una neumonía tremenda en plena temporada y necesitaban que alguien la cubriera durante un par de semanas. Con la veda las cosas en casa se habían puesto complicadas y en la conservera pagaban bien, así que había dicho que sí a la primera. Sabía que significaba echar a perder las vacaciones de Navidad pero eso no me asustaba; lo que me turbaba en esa noche helada en la que la ballena agonizaba, tenía un nombre propio: Susana Vargas.

Susana era la hija de la viuda Vargas, la propietaria de la conservera. Aunque ya habían pasado cuatro o cinco años desde que las dos se habían presentado en el pueblo, llegadas de quién sabe dónde para hacerse con la factoría, Susana seguía siendo una rara, una perdida, la hija de la extranjera. Todo en ella, el pelo cortado a lo chico, los jerséis de lana marinera, el impermeable amarillo que no se quitaba ni en verano, y sobre todo ese permanente olor a marisco, era motivo de desprecio. Los mayores murmuraban en el bar, las chicas la evitaban y nosotros no perdíamos ocasión de reírnos a su costa.

—Huele a coño, que me lo ha dicho mi padre —decía Samuel.

—Porque es una guarra, como su madre —añadía Jacobo —dicen que nunca llevan bragas.

—A mí me han contado que ni es viuda ni nada, que son las dos unas frescas —remataba David.

—Claro, por eso les huele siempre el coño, porque por las noches se trajinan a todo el que pillan.

Me daba cuenta de que al aceptar el trabajo en la conservera me estaba pasando de algún modo al bando de Susana y que por muchas explicaciones que diera, ese gesto no dejaría de pasarme factura entre mis compañeros. —¿Por qué no renunciaba entonces? —me preguntaba. Bastaría con no presentarme a la hora convenida para que me dieran por perdido y buscaran cualquier alternativa.

Era una tortura gratuita, porque en realidad conocía de sobra la respuesta a esas preguntas: no tenía ninguna intención de renunciar porque hacía mucho que Susana Vargas me fascinaba. Siempre me habían intrigado sus ojos negrísimos, la forma en que a veces parecía mirar a través tuyo, sin verte o quizás viéndote demasiado bien. Pero desde el día en que le plantó cara a Saúl Borrega ya no me la había podido quitar de la cabeza.

Había sido el verano pasado, el día de la romería del Santo. Ya era tarde, nos habíamos pasado la tarde en las casetas, tirando a los dardos, atiborrándonos de pan con chistorra y emborrachándonos con pacharán. La feria se estaba quedando vacía, mientras a lo lejos, en la plaza, se oían las primeras canciones de la verbena. — ¡Vamos! — dijo Saúl — y todos le seguimos atropellados calle abajo.

No tuvimos que ir muy lejos para toparnos de bruces con Susana. Ajena a la fiesta regresaba a casa. Debía venir del almacén porque llevaba puesto el impermeable y tenía restos de pescado pegados a la goma de las katiuskas como una gelatina blanca y asquerosa.

—Eh, quieta —la paró en seco Saúl, — ¿adónde vas tan rápido?

—Donde me da la gana —contestó ella tratando de abrirse paso.

Saúl le cortó el paso de nuevo. — ¿Pero qué prisa tienes?, vente con nosotros al baile.

—Déjame —trató de zafarse Susana.

—Tranquila, que ahora te vas, solo tienes que pagar un peaje. Un peaje de nada.

—Que me dejes idiota —insistía Susana inútilmente, aprisionada en el corrillo que habíamos formado a su alrededor.

—Es muy fácil Susanita, solo nos tienes que enseñar el chichi y ya te podrás ir.

—¿Qué dices?

31

—¿Hablo en chino? el chichi, el coño, la almeja, que nos los enseñes ¡joder!

—Eso, eso —azuzaban los demás chicos —que nos lo enseñe, que nos lo enseñe.

—¿Sólo eso?, ¿lo prometes?

—Eso nada más, ¿ves que fácil? —sonrió Saúl—.

—Está bien.

El corrillo se abrió expectante —lo va a hacer, lo va a hacer. Y entonces lo hizo. Despacio, muy digna, dejando que la miráramos a gusto, Susana se desabrochó el impermeable, abrió las piernas, dobló levemente las rodillas y arqueó la espalda, levantando la pelvis hacía nosotros. Contuvimos la respiración, mientras se arremangaba la falda con la mano izquierda y después con el índice separaba la braga revelando su carne rosa y oscura. Saúl, se hincó de cuclillas y acercó la cara hasta casi pegarla a las ingles de Susana, relamiéndose y resoplando como un animal en celo —Mmm, ya puedo olerlo, que rico... No dijo más, Susana no le dio oportunidad, en cuanto le tuvo donde quería, disparó con todas sus fuerzas un chorro vibrante de orina que vino a estrellarse contra la nariz y la boca babeantes de Saúl. Le pilló tan de improviso que él no acertó más que a cubrirse torpemente con las manos mientras ella se dejaba ir y nosotros mirábamos hipnotizados. Cuando terminó, se recompuso la falda, se subió la cremallera del impermeable, se dio la vuelta y se alejó sin que nadie se atreviera a decirle una palabra. —Puta, más que puta— masculló Saúl, secándose como podía el pis que le empapaba las mejillas y el cuello.

Como acordado, a la mañana siguiente me presenté en la conservera. Estaba al final del puerto, una nave larga y chata, de paredes de chapa y tejado de uralita a dos aguas. De camino tuve que pasar por delante de la ballena. La pobre ya estaba en las últimas. Todavía parecía respirar, pero quizás no fuera más que el ir y venir del agua que hacía chapotear el inmenso animal. La multitud de la víspera había desaparecido y solo un grupo de chiquillos se divertía intentando acertar a la ballena con sus tirachinas.

Dentro de la conservera hacía mucho calor, un calor malsano que emanaba de los enormes perolos alrededor de los que se afanaban media docena de mujeres, limpiando y cociendo toneladas de moluscos. Tenían las mejillas rojas por el vapor y los brazos enfundados hasta el codo en guantes de goma rosa. Sus botas brillaban húmedas, sobre el suelo cubierto de un limo pegajoso. Al fondo atronaban las máquinas envasadoras.

Me pusieron a trabajar justamente ahí con las máquinas. Mi tarea era ayudar al viejo Jeremías para que la cadena funcionara como una seda. —Ahí, ahí, aprieta eso, afloja aquello, las latas, las latas, que se te van las latas chico— el tipo no paraba, y yo todo el día corriendo arriba y abajo. Sudaba, las manos se me llenaban de cortes pero aún así me gustaba. Sin quererlo me quedaba mirando la cinta, viendo como las latas salían relucientes, a punto para que las empaquetadoras fueran metiéndolas en las cajitas de cartón con el dibujo de un barquito desafiando la tempestad, "Conservas Vargas".

A la viuda casi no se la veía. Se pasaba el día en su oficina, en una entreplanta a la que se accedía por una escalera de peldaños metálicos. Desde ahí arriba se divisaba toda la nave y muchas tardes era la propia Susana la que se asomaba a la barandilla. Solía quedarse un buen rato, absorta en sus pensamientos. A veces, cuando pensaba que nadie la veía se encendía un cigarrillo. Abajo camuflado entre las bielas y los pistones yo la espiaba. El humo saliendo de entre sus labios, el gesto de su mano apartándose el flequillo húmedo de la frente, los ojos entrecerrados al aspirar cada calada. No podía dejar de mirarla. Nunca pareció darse cuenta, pero ahora estoy seguro de que lo sabía.

Durante aquellas semanas, cada mañana y cada tarde pasaba delante de la carcasa de la ballena. Una vez muerta, se había dado la vuelta, dejando a la vista el vientre descomunal. Al principio blanco, rosado y terso, y luego con el paso de los días cada vez más hinchado, más redondo y más morado, lleno hasta arriba de gas. —A este paso, cualquier día estalla— decían los viejos, mirando a las gaviotas pelearse por los pedazos de carne que lograban arrancar a picotazos. No solo se hinchaba sino que cada día apestaba más. Poco a poco el pueblo entero empezó a oler a muerto. Se habló de descuartizarla pero hacía falta una grúa que no terminaba de llegar. Mañana, decían —mañana ya viene— y no llegaba.

Aquel día había salido de casa más temprano de lo habitual, era víspera de Navidad y la conservera cerraría antes de hora. El día estaba gris, sobre las calles desiertas caía un calabobos persistente y frío. Donde la ballena no había nadie. Solo su cadáver putrefacto flotando en el agua sucia. Ya ni siquiera parecía una ballena, tan solo un gigantesco globo de carne informe, como el cadáver abandonado de un extraño monstruo marciano. Me dio lástima pensar que había venido desde tan lejos solo para morir aquí.

En la nave todo el mundo tenía prisa por salir cuanto antes. A la hora del almuerzo se abrieron un par de botellas de sidra, cortesía de la viuda. Dio para brindar, beber un traguito y cantar unos villancicos a voz en grito. Luego una detrás de otra las enlatadoras fueron marchándose, cada una cargando un cestillo lleno de almejas y navajas. Jeremías apagó las maquinas y salió detrás de ellas. A las cinco solo quedaba yo, o eso creía. Por los ventanucos se veía que afuera ya era casi de noche y la lluvia tamborileaba sobre la chapa de la nave. Estaba terminando de engrasar el eje de una de las empacadoras cuando oí la voz de Susana detrás de mí.

—Daniel, venga ayúdame a llevar esto al almacén, que yo sola no puedo.

De pie, con el impermeable amarillo de siempre, sujetaba una carretilla cargada con varios tambores de bonito. Sin decir nada, asentí y le quité la carretilla de las manos. Susana no había mentido, las puñeteras latas pesaban como un muerto. La seguí con aquel trasto gimiendo y tambaleándose a cada paso de rueda.

—Van ahí—dijo Susana por fin dándome la espalda y señalando un hueco libre en un estante sobrecargado. Y en ese momento, sin haberlo pensado siquiera, dejé la carretilla, me acerqué a Susana y le puse la mano en el hombro. Se giró hacia mí y no hizo falta que le explicara nada más. Tenía los labios ásperos pero calientes, y unos dientes duros contra los que se entrechocaban los míos.

—Ven—dijo guiándome hacia la pared contra la que se amontonaban apiladas hasta la altura de la cintura docenas de cajas. Con un salto se sentó sobre las cajas y me atrajo hacía ella. Me besó de nuevo y luego agarró mi mano y la condujo debajo de la falda, hasta que las yemas mis dedos rozaron el pliegue húmedo entre sus piernas. A tientas, consiguió abrirme el pantalón y descorrer la cremallera. Cerró sus muslos alrededor de mis caderas y me apretó contra su cuerpo hasta que de pronto sentí que entraba en ella. Era maravilloso y al mismo tiempo pavoroso, como nadar una noche de verano en un mar tibio y oscuro. Podía olerla, notar su aliento en mi cuello, su pelo golpeándome las mejillas. Me abandoné, me dejé ir, y enseguida supe que no aguantaría más, que ya mismo no aguantaba más, que me deshacía por dentro. Un flash me quemó los parpados y pensé "¡ya!", pero al instante una bocanada de aire ardiente nos azotó las caras y todo lo envolvió el estruendo de la explosión y el crujido de los cristales saltando en añicos. La abracé fuerte y traté volver de besarla, pero solo encontré la piel salada de su barbilla.

–¡Para bobo!, ¡para!, ¿es que no te enteras?

Nos compusimos como pudimos, y despeinados, sudados, con las piernas todavía temblando salimos a la calle. Por todas partes había pedazos de carne, trozos de vísceras irisados, rosas, purpuras, blancuzcos. El suelo del muelle estaba cubierto de ellos y las paredes de las naves de alrededor y hasta de las farolas colgaban como miles de moluscos pegajosos.

–¡Coño! pues al final sí que estalló la ballena –dijo alguien a nuestro lado.

SELECCIÓN DE MINIFICCIONES: DESPUÉS DEL NAUFRAGIO

José Manuel Ortiz Soto

LUEGO DE SIGLOS A LA DERIVA, la botella fue arrojada por el mar hacia la costa. Aturdido por el fuerte impacto, el náufrago vio resquebrarse el muro de la prisión milenaria. «¡Soy libre! ¡Soy libre!», oyó a su voz decir entre el romper de las olas. Pero al júbilo inicial siguieron dudas, apartarse de los restos de la antigua cárcel exigía de reflexiones que terminaban por hacerlo desandar sus pasos. Un día, sin embargo, tiritando bajo el fragor de la tormenta, echó a caminar tierra adentro. Cuando parecía que su destino errabundo no tendría fin, el viajero se detuvo frente a la enorme pared de la caja en que su mundo estaba contenido.

ROMEO Y JULIETA

José Manuel Ortiz Soto

EL LIBRO FUE A ESTRELLARSE contra el cristal de la ventana, que aguantó firme el impacto. Cuando el tintinar de vidrios rotos no fue más que un temor sin fundamento, el bibliotecario dejó su sitio en el sillón y se acercó a contemplar su obra, satisfecho. Levanta del suelo el viejo libro a medio despastar.

—No siempre se tiene tan grande honor: ser dos moscas copulando y morir aplastadas por la pasión de William Shakespeare.

GÉNESIS

José Manuel Ortiz Soto

A SUS PIES, EL MUNDO ERA UNA MIERDA por el lado que lo viera. ¿Tenía sentido hacerlo redondo nuevamente? El escarabajo dijo que sí y continuó empujando el pedazo de excremento.

NATURALEZA VIVA

José Manuel Ortiz Soto

—LA VIDA AQUÍ NO ES FÁCIL —musita el árbol más sabio de la isla y muestra a los visitantes sus oscuras cicatrices—. Si no son los temblores que retuercen la tierra desde las entrañas, es la montaña con sus vómitos ardientes o el océano con sus olas devastadoras. Debemos aceptarlo, la naturaleza es atroz.

Después de escuchar al viejo cedro, los náufragos clogian su sapiencia. No podría haber mejor canoa que los regrese al continente.

FLORACIÓN

José Manuel Ortiz Soto

DESPERTÓ SOBRESALTADA. Soñó que iba desnuda por la calle, seguida por una turba de chicos, colibríes e insectos. «¡Qué locura!», se dijo ante lo inverosímil de la historia y entró a la ducha. Mientras el agua removía los últimos remanentes del sueño, vio cómo al contacto de sus manos jabonosas, los minúsculos botones de sus senos comenzaban a abrirse.

Esa mañana, camino a la escuela, Diana exhibía orgullosa sus fragantes alcatraces.

OBSCURA OBSESIÓN

José Manuel Ortiz Soto

TEJIÓ EN EL MARCO DE LA VENTANA la mejor de sus telarañas. En ella cayeron pájaros de plumas coloridas, serpientes esquivas y montones de gatos curiosos que rondaban la casa abandonada. Solo la luna pasa tan oronda entre los hilos de seda para mirarse y juguetear en el espejo del ropero. Pero la viuda no pierde la esperanza de atraparla, y menos después de haber probado hasta la carne blanca de un ángel trasnochado.

IN MEMORIAM

José Manuel Ortiz Soto

SIN EL ÚLTIMO CABALLERO ANDANTE rondando por ahí, los molinos de viento dejaron de esconderse tras su tierna apariencia de gigantes.

CICATRICES
O
EL ÁRBOL DE DIANA

José Manuel Ortiz Soto

FRENTE AL ESPEJO, observa el trazo irregular bajo su seno izquierdo, semejante a un gusano de seda fosilizado. Siente su textura, apenas un poco diferente al resto de su piel. Sin plena conciencia de por qué está ahí, responde a la curiosidad de sus amantes que por ese sitio asoma, de vez en vez, la estructura argéntica en que descansa su frágil fenotipo humano.

—Todo esto —señala su vientre, los muslos, el sexo— es el pretexto para que mi alma viva. Si alguien me enamora, la cicatriz se inflama y brota un árbol. A decir de una gitana, cuando encuentre el amor verdadero no necesitaré esconderme bajo ningún disfraz.

Diana siente una punzada en el costado izquierdo. Sonríe. Quizá valió la pena besarse con la chica de la fiesta la otra noche.

DESEMBARCO

José Manuel Ortiz Soto

A la memoria del Dr. José C. Soto C.

LA DEVASTACIÓN DE AQUEL LUGAR me recordó algunas imágenes posteriores al desembarco de los aliados en Normandía. Busqué con la mirada los miles de cadáveres dispersos por la playa, pero solo había arena y arbustos calcinados. Nos internamos en la isla. Los nativos parecían no darse cuenta de nosotros, tal vez era su manera de negarnos. Conseguimos hacernos entender por una niña, que señaló una hilera de puestos montados sobre horcones y tablas, donde un grupo de mujeres servía tazones de sopa hirviente y platos de carne. Pasamos el resto de la tarde caminando por la aldea.

—Ve a casa y diles que todo está bien, yo aquí me quedo —te oí decir cuando el sol oscuro de aquellas tierras se desvanecía en la oquedad del mar.

Hace rato que el teléfono timbra. Del otro lado de la línea, la voz agrietada de mi hermana dice: «Papá ha muerto». ¿Cómo podría explicar a la familia que yo te acompañé en tu último viaje?

FUGA

José Manuel Ortiz Soto

PARECE QUE LAS COSAS comienzan a cambiar. De la nada, mi mujer recupera el deseo perdido y me brinda la noche más intensa de la que tengo memoria. En el trabajo, el jefe me llama a su oficina y me da el resto de la semana a cuenta de vacaciones extraordinarias. «El lunes hablaremos del ascenso que está pendiente», agrega.

Hace mucho que no camino por la ciudad a esta hora. Las avenidas, apenas transitadas por unos cuantos carros, lucen vacías. El cielo —de un azul clarito, casi trasparente— permite fisgonear a pleno sol la silueta opaca de la luna y las estrellas.

¿Adónde voy? No tengo idea. Solo sé que así estoy bien y no volveré atrás.

PASOS

José Manuel Ortiz Soto

AHÍ ESTABAN, junto a la cama, los zapatos de papá. Los usaba siempre al volver a casa: pregonaban su andar inconfundible. Viejos, eternos, tan suyos. «Si por mí fuera, ya los habría tirado», decía mamá con rastros de melancolía en la voz.

Crecí mirando aquellos zapatos. Cada mañana, al despertar, iba hasta la habitación de mamá a ver si continuaban en su sitio. No perdía oportunidad de meter mis pies y sentir, en sus abismos, un poco de lo que había sido mi padre.

Ayer, cuando mamá escuchó el sonido fantasmal de pasos acercándose desde el pasado, se sobresaltó. Su rostro se relajó al ver que era yo. «¡Cuánto has crecido!», me dijo.

Esta noche, mis zapatos descansan junto a nuestra cama.

TENDIDO TELEFÓNICO

Pablo Iglesia

LUC IRRUMPIÓ en el local de ensayo precipitadamente, provocando que el resto de la banda dejase de tocar sus instrumentos con brusquedad. «¿Dónde estabas, tío? ¡Llevamos ya cinco canciones, eres un capullo!» El batería le arrojó una baqueta mientras lo abroncaba. «¡Joder, tíos, vengo asfixiado, he sacado a mi hermano a dar una vuelta y al venir para acá me he encontrado con un pedazo de atasco!» «Anda, dejad de joder de una vez». Luc abrió la maleta donde transportaba su precioso bajo *Fender*, que ya estaba algo descascarillado en el cuerpo, pero que sonaba como si un camión de ocho ruedas se estampara contra una pared lisa de piedra. Era un chaval alto y espigado, de veintitrés años. Lucía una larga melena negra y vestía siempre con pantalones de pitillo y zapatillas. Su banda, los *Holy Sinners*, llevaba haciendo bolos en Madrid desde hacía cinco años. Una banda solvente, opinaban todos los que la escuchaban. Poseían un sonido rocoso y sólido, y verlos en directo era como si una apisonadora te planchara la cara. Se habían ganado el respeto de la escena rockera madrileña de los años noventa, pero la industria musical en ese momento, en este país, era pequeña, Luc y sus compañeros no lo ignoraban. Querían triunfar, es decir, llegar al nivel musical de sus bandas más admiradas. *Iggy Pop*, *The Stooges*, *New York Dolls*, *Sex Museum*,...

Luc conectó el bajo y ajustó los niveles en su amplificador de cincuenta vatios. Dijo, preparado, y el batería marcó el tempo con un entrechocar de las baquetas. En el primer compás de la canción, la puerta del sótano en el que ensayaban se abrió con suavidad. La primera que entró fue su amiga, que era novia del cantante, cargada con la bolsa de libros y cuadernos con los que estudiaba en la universidad. Detrás de ella, tímida, entró Diana, vestida con un *jersey* color berenjena de ochos con las mangas dadas de sí, ocultando sus manitas finas de dedos gordezuelos. Diana tenía una estatura normal para su edad, las caderas anchas y bonitas, y una abundante melena negra rizada. Miró a los chicos con sus ojos curiosos, negros y brillantes, y Luc se fijó en que tenía la piel blanca y un ligero sonrojo en las mejillas. Las dos amigas se sentaron en cualquier lado, despreocupadamente, y pasaron la siguiente hora y media escuchando trabajar a la banda en su primera maqueta. Luc miraba discretamente a Diana, y ella sentía sus miradas.

Una vez terminado el ensayo, metieron guitarra y bajo en sus respectivas maletas y se dirigieron todos a tomar una caña de cerveza a la taberna Dos Passos, esquina de la calle Pez con San Bernardo, en pleno barrio de Malasaña, sin duda la zona de la ciudad donde se concentraba todo el rockerío. Bajo la luz de los tubos fluorescentes pidieron varias rondas de cerveza, y hablaron animadamente todos con todos, comentando el próximo concierto de *Nirvana* en el Palacio de los Deportes, y deseando que llegara aquel viernes. También se pusieron serios acerca de su de maqueta. Se habían hecho con un ocho pistas, una mesa de mezclas sencilla pero adecuada para sus objetivos. Querían grabar algo que tuviera buen sonido, y un amigo con conocimientos de producción los estaba ayudando. Tenían planeado presentarla en las discográficas independientes del barrio, con las miras puestas en *Subterfuge Records*. Los *Holy Sinners* se tomaban a sí mismos en serio, sabían que eran buenos, y con el tema de la maqueta había pocas bromas. Querían conseguirlo.

Tras otras dos rondas, los chicos fueron desapareciendo, y Luc se encontró a sí mismo a solas con Diana, mirándola desde su metro ochenta y cinco, jugando con un hueso de aceituna en los dientes, y un vaso de caña a medio beber. Charlaron de esto y lo otro, y la muchacha le pareció agradable por su risa fácil. Contaron historias divertidas y Luc le preguntó qué bandas le gustaban. *Patti Smith*, los *Chilli Peppers*, *Ella Fitzgerald* (esto último por influencia de su madre). Diana le contó que estaba en segundo de Trabajo Social y que pertenecía al Grupo de Mujeres de la Facultad. «Y qué hacéis», se interesó Luc. Discutimos textos sobre feminismo y nos pasamos libros. Yo estudio Derecho, pero no le dedico mucho tiempo, es más bien una obligación que me han impuesto mis padres, pero algo de razón tienen, en este país hay que tener algo seguro. «He leído tres veces La Mujer Habitada, de Gioconda Belli», dijo Diana. «Yo trabajo en el Mastropiero de viernes a domingo». «Pues ya te invitarás a una pizza», rió ella. Se sentían tan a gusto que de repente Luc tuvo una idea: «Oye, me han dado unos días libres, tengo un Opel Corsa, y hambre de carretera, ¿qué tal si nos vamos a Santander desde mañana hasta el domingo? Mis padres tienen una casa, puedo coger las llaves, no hay problema». Diana sonrió con naturalidad, guiñó los ojos de forma graciosa y dijo, «pues sí, ¿por qué no?». Pagaron lo que quedaba de la cuenta y cruzaron la carretera hasta la parada de metro de Noviciado. Luc se despidió de Diana con dos besos, y la sonrió al decir, «mañana, ¿eh?» «¡Seguro!» Contestó ella desde las escaleras angostas.

A la mañana siguiente, Diana se levanta a las diez y media y se prepara un café con tostadas. En el baño, mirándose en el espejo, se acuerda de la noche anterior. Entonces vuelve a escuchar la frase en su oído interno: viajemos a Santander. «Qué lindo» susurra Diana para sí misma, y no le da más vueltas. Su padre duerme en la habitación del balcón, donde se siente un denso olor a alcohol.

Ruud es un periodista holandés, reportero freelance instalado en Madrid desde hace veinticinco años y casado con una mujer española, madre de Diana, traductora de inglés, francés, alemán, y neerlandés. Al inicio de la vida matrimonial de los padres de Diana, todo iba sobre ruedas, incluso nació ella hace diecinueve años trayendo alegría y felicidad a la pareja. Pero más adelante Ruud pasó años en la cuerda floja con el asunto del *whisky*, y con el pasar del tiempo acabó por bajar la guardia y perder el control. Bebía cada noche y llegaba a casa con una borrachera agria y provocadora. Nunca pegó a nadie su familia, pero tampoco se dejó ayudar, así que su mujer había tomado la decisión de divorciarse. Diana peleaba por su padre y los días en que éste no podía levantarse a escribir lo despertaba con un café caliente y trataba de protegerlo. Pero Ruud se había dado a sí mismo por perdido. Diana lloraba por su padre, y la situación en su casa constituyó en ella un carácter comprometido con los vulnerables, mujeres, inmigrantes, y que la llevó a entrar en la Facultad de Trabajo Social. Siempre quería ayudar.

Diana se estaba vistiendo en su habitación cuando Luc la llamó desde una cabina, en la esquina de su casa. «Hey, ¿estás preparada?» Diana se quedó boquiabierta y el ritmo cardíaco se le aceleró hasta sentir los latidos de su corazón martilleándole las sienes. Se descubrió contenta y guiñó los ojos al mostrar su bonita sonrisa. Se decidió rápidamente, así que le dijo que tardaría un poco en meter alguna cosas en una bolsa, sólo diez minutos. En cuanto colgó, llamó a su madre a la oficina del Grupo Hachette y le dijo que Noelia la había invitado a pasar el fin de semana en su casa de la sierra. «De acuerdo, hija, pórtate bien» respondió su madre. En cinco minutos hizo la cama, metió un par de bragas, camisetas y un *jersey* en una bolsa de lona y al salir se detuvo un instante en la puerta del dormitorio de sus padres. Lo miró respirar densamente, y cuando cerró la puerta de la casa, volvió a sentir aletear su corazón. Luc estaba aparcado en segunda fila, fumando un cigarrillo, en su Opel un poco viejo y polvoriento. Diana encestó la bolsa por la ventanilla trasera, se introdujo en el asiento del acompañante y dijo, «¡tira!». Embocaron la carretera de Burgos desde el Paseo de la Castellana, y cogieron la autovía de asfalto gris bajo un cielo de plomo y un paisaje de centros comerciales y edificios propiedad de multinacionales, camino del Mar Cantábrico.

Luc y su hermano Jonás estaban muy unidos, a pesar, o quizá gracias a que este último tenía Síndrome de Down. Era un adolescente fornido y de corta estatura. Contaba con la protección de sus padres, un delineante y una jefa de sección de unos grandes almacenes. Luc también trataba a Jonás con todo afecto, le dedicaba tiempo, y se reía con él a menudo. Cada dos sábados iban juntos al Estadio Vicente Calderón, donde veían jugar al Atlético de Madrid medio helados, comían un bocadillo en el descanso, y al final del encuentro volvían a casa contentos a pesar de que el equipo por lo general empataba. Como se puede observar, Luc es un chico de sentimientos nobles, y que trata de dejarse guiar por su corazón. Se sabe afortunado por tener buenos amigos, con los que sale los fines de semana a beber cerveza, a reír a carcajadas, y a pegar unos botes al ritmo de la música de los bares. También a veces le gusta quedarse en casa, escuchando discos de vinilo y los primeros CDs que se ha comprado con su sueldo de camarero en una conocida pizzería de Malasaña. En su habitación, fuma cigarrillos rubios y llena la estancia de humo. Se tumba en la cama cuan largo es y se queda mirando al techo, dejándose llevar por el sonido eléctrico que sale de los altavoces de su equipo de música, la cual le llega hasta dentro, tensándolo como si un gran felino de la sabana se agazapara en su interior. Luc quiere *rock and roll* en su vida, y ése es el dictado de sus tripas.

Aquel viernes de Noviembre, el día después de haber conocido aquella chica tan bonita, Luc se preparó para ir a recogerla. Sentía algo de nervios, como un cosquilleo en el estómago y un erizarse los pelos de la nuca. Con esa sensación de estremecimiento, agarró la bolsa, bajó al coche, lo arrancó y en veinte minutos se plantó en el portal de la casa de Diana. Buscó unas monedas y se introdujo en una cabina, marcando el número de teléfono que tenía apuntado en una servilleta de papel. Diana descolgó el teléfono y Luc la oyó decir, «¿diga?» «Hey, ¿estás preparada?» Percibió la enorme sorpresa de Diana y por un momento temió una respuesta esquiva por su parte. Su estómago se encogió al mismo tiempo que unas gotas de lluvia golpearon el cristal de la cabina. Entonces Diana dijo, «¡bajo!» Y Luc se relajó brotándole una sonrisa de oreja a oreja. Entró en el Corsa y buscó una cinta de casete un poco atolondradamente. Se encendió un cigarrillo y expulsó el humo por la ventanilla. Puso su codo izquierdo sobre el hueco abierto de la portezuela y la mano sobre el volante, tratando de parecer un tío duro. Comenzó a tararear al escuchar el 'Caroline No', de los *Beach Boys* en la cinta. Era la canción más dulce y dolorosa que conocía. Recordó que estaba compuesta por *Brian Wilson* a mediados de los años sesenta, justo antes de que comenzaran sus problemas mentales. El músico californiano había conseguido llevar una vida fecunda y larga, a pesar de haber conocido el sufrimiento y el abuso de consejeros interesados. Cuando Diana bajó y se coló en el coche, Luc encendió el contacto, puso primera, después segunda, tercera, y giró a la izquierda en dirección a la Castellana. Los dos jóvenes se buscaron entonces con la mirada, inquietos, y una vez se reconocieron, se sonrieron ya más tranquilos.

Conducían a ciento veinte por la autovía. Fuera de la cabina soplaba una ventisca cargada de agua, molesta y fría. Los pueblos se sucedían, y los campos de Castilla mostraban sus colores de tierra al barbecho. Se podían colgar los ojos del horizonte, mirando a los dos lados de la carretera gris, y encontrarte con los ramajes de los árboles desnudos, el verde de las lomas a lo lejos, el color oscuro del barro oloroso, y algún almacén de agricultor diseminado de izquierda a derecha, donde se guardaba la cosecha de trigo, un tractor de los buenos, y el mono azul de trabajo. Luc y Diana hablaban de corrido, y cada cierto tiempo, callaban y escuchaban las cintas de casete que Luc tenía en la guantera. Cantaron juntos, y no mal por cierto, *Angie* de los *Rolling Stones* y estuvieron de acuerdo en que se trataba de una melodía que no tiene edad, y que una vez que la escuchas por primera vez te acompaña para al resto de tu vida. «¡Para siempre!» concluyeron. Diana habló de su padre una vez se sintió con la suficiente confianza ... no había necesidad de airear sus intimidades al primero que quisiera prestar atención, pero sentía en el coche de Luc una sensación de tranquilidad que favoreció el dejarse llevar por la íntima oferta que flotaba en el ambiente.

Siendo joven como era, disfrutaba de los descubrimientos, y le gustaba el encuentro con las cosas bellas y buenas de la vida que apenas conocía. Todavía no existían profundas cicatrices en su alma, a pesar de que sí poseía cierta gravedad de carácter. De todas maneras, era jovial, y su corazón burbujeaba como un vaso repleto de agua con gas, y su necesaria rodaja de limón. Miraba a Luc directamente, y él le devolvía la mirada con una sonrisa amable y, de tanto en tanto, la guiñaba un ojo. Y qué placer resultaba conocerse el uno al otro, dar un paso más, ir mostrándose tal cual eran, abandonando los disfraces de la vida cotidiana y las armaduras con las que ambos se protegían ahí fuera, bajo la ventisca, y qué a gusto se sentían dentro de aquel viejo Opel Corsa del ochenta y siete, mirando hacia la carretera con los oídos puestos, esta vez sí, en *Heroes* de *David Bowie* ... podríamos sentirnos héroes, tan sólo por un día.

Como la aguja que marcaba el nivel de gasolina estaba llegando a la zona roja, decidieron parar en la siguiente gasolinera, diciéndose que también sería un buen momento para estirar las piernas. Una vez la avistaron, tomaron el desvío aminorando la marcha, detuvieron el coche frente al surtidor, y Luc se dispuso a llenar el depósito. Diana entró en la tienda a comprar algo de picar y unas latas de refresco. Escogió la compra, y en el mostrador pagó con un billete de quinientas pesetas. Se introdujo el cambio en el bolsillo trasero de sus vaqueros, dio las gracias a la dependienta y ella le respondió: a ti, bonita. Era una mujer mayor a ojos de la muchacha, de pelo rubio recogido con una goma que descubría un rostro redondo y de piel brillante, con unos ojos oscuros, directos y francos. Diana se fijó en su acento del Sur y se preguntó si trabajaría en esta zona del país desde hacía mucho tiempo. Salió por la puerta acristalada del súper rasgando la bolsa de patatas fritas y sintiendo el aire de Noviembre llenando sus pulmones. Luc la esperaba con una cámara fotográfica en las manos, una de esas pensada para tomar instantáneas rápidas y quedarse con un recuerdo de una fiesta de cumpleaños, una cena de compañeros de instituto, o precisamente de un viaje sorpresa improvisado y emocionante. Al llegar Diana frente a él, éste la apuntó con el visor del aparato tomándola en un plano desde la cintura hasta su brillante cabellera negra. Ella posó divertida, con una sonrisa que le iluminaba la cara. Hizo muecas, saltó con los brazos extendidos, arrojó patatas a la lente, y finalmente Luc se puso a su lado, la ciñó por la cintura, acercó su cara a la de ella, y manteniendo la cámara frente a ambos, disparó la máquina resultando una fotografía que guardaría durante décadas, mal encuadrada, pues no le cogía toda la cara, pero que mostraba un brillo en los ojos de los dos que significaba la plenitud de ese momento irrepetible y el vértigo que era testimonio de que se estaban llenando de vida el uno al otro.

La mujer de la coleta rubia los observaba desde el interior de la tienda, y en su cabeza se desarrollaban dos monólogos. Uno, ése chico es más o menos de la edad de mi hijo, pero más alto. Dos, me quedan estrechos los pantalones, la barriga se me desparrama por encima de la cintura y me tira la costura del hombro del polo. Uno, qué bien lo están pasando, parece maja la parejita. Dos, mi cintura olvidada desde hace ya años, ni tiempo para caminar siquiera media hora al día, si al menos…

Luc y Diana seguían respirando a pleno pulmón cuando llegó una furgoneta hasta la gasolinera que paró en el surtidor de al lado del Corsa. Era negra con retoques en rojo, tenía desperfectos de chapa y llevaba las lunas tintadas. El motor se detuvo y se dejó de escuchar el ritmo sintético y machacón de su interior. Al abrirse la puerta del conductor y el portón lateral, aparecieron cuatro hombres vestidos con pantalón de chándal de colores y zapatillas negras de deporte. Reían y se daban puñetazos en el hombro, como si se desafiaran. A Luc y Diana no les gustó el aspecto de los cuatro tipos, y se pusieron serios encaminándose hacia el coche. Al ir Luc a introducir la llave en la manilla de la puerta, sintieron una voz que venía del lado de los hombres. «Eh, ¿qué te pasa, larguirucho, es que os damos miedo?» Tras un segundo de silencio, Luc se dio la vuelta despacio, y trató de mantener la calma. Dobló los codos mostrando la palma de sus manos, y probó una sonrisa amistosa. «Eh, tranquilos chicos, sólo estamos de viaje, no queremos problemas, vamos a meternos en el coche y continuaremos camino, de acuerdo, chicos?» Los cuatro tipos rodearon a la pareja con aire amenazante. Uno de ellos, con una sonrisa helada acercó su cara a la de Luc a unos escasos tres centímetros, con lo que éste pudo sentir su aliento a gas. El tipo habló lentamente, con un tono entre la de sorna y la amenaza: «¿Sabes?, yo no tengo una novia tan guapa como la tuya … me gustan mucho las putas, y creo que tu novia es muy puta … ¿o no?» Al oír esto, Diana soltó un, «oh» y al mismo tiempo sintió algo oscuro y opaco que le bajaba de la cabeza hasta el fondo de su estómago, como si de repente una bola de plomo de cinco kilos fuera depositada dentro de su cuerpo, o como si oyera cerrarse la puerta de una habitación sonoramente, dejándola encerrada sin remedio. Uno de los tipos, un retaco cabezón, la agarró los dos brazos desde atrás con fuerza, provocando el terror de Diana, y Luc al verlo, respondió empujando a su oponente y saltando ágilmente en un intento de rodear el coche para alcanzar el lugar donde Diana se resistía. Pero los dos hombres que estaban en medio le bloquearon el paso, y recibió un puñetazo en la cara que lo tiró sobre el capó del coche, con la nariz estallada en sangre, chorreando sobre la sudadera y la cazadora vaquera. Lo inmovilizaron sujetándolo por brazos y cuello, y Luc pataleó medio asfixiado mientras Diana era arrastrada hacia el interior de la furgoneta entre gritos. El portón lateral del vehículo iba ya a cerrarse con la muchacha en su interior, tumbada sobre el suelo duro y frío, y Luc llorando de dolor y rabia con tres tipos encima, cuando se oyó un golpe sordo desde algún lugar a la izquierda de los surtidores. Los hombres giraron la cabeza y pudieron ver a Marifé, la mujer rubia de la tienda, apuntándolos con una escopeta de caza cuya boca de cañón desprendía virutas de humo, y que los miraba de una forma absolutamente esclarecedora. «Vais a dejar a la niña en paz, porque si no, os voy a llenar la entrepierna de boquetes». Los cuatro tipos se quedaron congelados, y aflojaron los brazos con los que inmovilizaban a los dos muchachos, situación que Luc aprovechó para zafarse de los tres que estaban encima suyo y de un salto sacar a Diana de la furgoneta. Los cuatro hombres, con la boca muy abierta y sin color en el rostro, se movieron despacio, muy despacio, y se dirigieron a Marifé en tono tranquilizador: «Eh, tía, vamos, ¿pasa algo? Sólo estábamos bromeando, ¿qué pensabas, que los íbamos a hacer daño? Era un juego, joder, venga, baja la escopeta». Marifé se tomó su tiempo para apoyar la culata del arma sobre la barriga, y les respondió muy a las claras: «¡Largo, y no volváis por aquí!» Los cuatro tipos se precipitaron al interior de la furgoneta, cerrando las puertas de un golpe, y salieron velozmente hacia la autovía con un chirrido de ruedas, dejando en el aire el olor a goma quemada y el ritmo sintético y nervioso que salía del equipo de sonido del vehículo.

Registro de daños: Diana tiene el *jersey* rasgado, y enseña un hombro con arañazos. Luc necesita tapones de algodón en ambas fosas nasales, pero la hemorragia ya ha parado y el tabique no está roto. Se sienten cansados y se funden en un abrazo con lágrimas en los ojos. Marifé se dirige a ellos con voz sedosa: «tranquilos, esos ya no van a molestar más ... ¿estás bien, nena?» Diana mira a la mujer con una mezcla de timidez y admiración, y la susurra muchas gracias mientras se coloca los rizos detrás de la oreja. Luc se apoya agotado sobre el morro del coche, gesto que es seguido por las dos mujeres. Entonces se levanta y entra en el auto por el lado del acompañante, rebusca un momento en la guantera, y aparece con un par de botellitas de *vodka* de las que venden en los vuelos. Se sienta entre las dos y abre el tapón de una de las botellitas, prueba el líquido y lo pasa a su izquierda. Marifé le sonríe con un gesto inteligente al coger el *vodka*, mientras Diana rodea la cintura de Luc con sus brazos, apoyando la cabeza en su hombro derecho. El alcohol calma sus nervios poco a poco, y los tres sienten el calor de la alianza que acaban de crear. Comienzan a contarse chistes e historias mientras se bajan el *vodka*, y el Sol empieza a declinar al fondo del horizonte, dibujando un enorme espacio dorado que se funde con el color profundo de la tierra y del asfalto de la autovía, a cuyos lados cuelgan los cables del tendido eléctrico por donde viajan las voces de la gente que se llama y se encuentra a los dos extremos de los aparatos telefónicos.

STREET ART: FUNKY COOK

Mauricio Tovar Valenzuela

EL HIJO DEL TELEGRAFISTA
(fragmento)

Julio Cisneros

AQUEL MARTES LÚGUBRE, Santiago viajaba en un autobús destartalado y cubierto de un polvo fino de color bronce. Sus puños empapados de sudor destripaban las lágrimas que sobre sus mejillas quemadas por el sol, resbalaban apresuradas dejando a su paso unas líneas negras que le llegaban hasta el cuello. A través del cristal sucio de su ventana desfilaban dos volcanes azules; el más chico dejaba escapar de su cráter un hilo de humo gris que se mezclaba con las nubes blancas como algodones flotantes. El volcán más grande, tenía en su cúspide un gorro de lava derramándose como miel hirviendo sobre sus paredes desérticas. La piedra derretida provocaba a su paso lento, pero firme, una mancha de fuego tierno, visualmente hermoso pero mortal al mismo tiempo.

Ambos volcanes desaparecieron lentamente a través de la ventana del autobús empañada por la suciedad y el polvo. Para alivio y satisfacción de Santiago, fueron reemplazados por un desfile de colosales árboles salpicados de mangos amarillos y rojos; matas dobladas hasta el suelo por enormes racimos de banano de color oro brillante y, palos de café que derramaban de sus ramas unos nudos rojizos y brillantes como rubíes que eran la droga predilecta de los pájaros que buscaban el dulce e irresistible sabor de la cafeína.

Santiago iba vestido con unos pantalones acampanados de color naranja y una camisa blanca con estampados de flores de todos colores. Su camisa de poliéster era tan pequeña que estrangulaba sus costillas haciéndolas resaltar a través de la tela, y, sus zapatos negros estaban forrados por una capa de lodo seco de color pardo. Usaba el pelo al rape. No era por gusto propio, sino porque su padre así lo había establecido, atribuyendo la decisión, a su tendencia de criar piojos. Aunque, si por resolución propia hubiera sido, Santiago llevaría el pelo despeinado y largo hasta los hombros como uno de sus primos. Además de su aspecto de *hippie* calvo en miniatura, sus dientes de leche estaban minados por las indelebles huellas que dejan las caries.

Era la primera vez que Santiago viajaba solo. Se dirigía a Las Palmas, un pequeño pueblo situado en el altiplano del país. En ese pueblo vivían sus padres. Su abuela lo había preparado con lo necesario para el viaje: un tecomate lleno de agua, tamales de chipilín y de loroco envueltos en hoja de plátano y una vieja mochila gris heredada de su finado abuelo. Para Santiago, sus padres eran unos perfectos desconocidos. Había sido abandonado cuando apenas tenía un mes de nacido. De eso ya habían pasado seis años.

El polvo fino que entraba a través de la ventana de cristal del autobús, lo hizo recordar con melancolía los momentos de felicidad cuando retozaba con sus primos en las calles de tierra en el pueblo del Cerro de Dios, cuando jugaba a la lucha libre y se trepaba a los árboles de mango y jocote que crecían por doquier. Echaba de menos su pequeña habitación de paredes de adobe cubiertas con cal, y, los libros apolillados que pasaba hojeando antes de dormir sin poder leerlos.

Estando enredado en la telaraña del recuerdo, Santiago escuchó súbitamente una voz que lo hizo retornar al presente.

—¡Llegamos a Las Palmas! —anunció un hombre gordo con un delantal relleno de monedas enrollado en la cintura—. ¡Apúrense por favor!

Santiago agarró su mochila gris y cuando quiso dar las gracias al chofer, descubrió que en lugar de voz, le salía de la garganta un chillido efímero.

—Es el polvo que tragaste en el camino muchacho —dijo el chofer.

Al apearse del autobús fue sorprendido por el fuerte abrazo de su madre. Matilda lo había esperado por cuarenta y cinco minutos sentada en una banca del único parque del pueblo que tenía la apariencia de un cuadrilátero de boxeo rodeado de palos de coco y matorrales de buganvilias.

A sus treinta años, Matilda era una mujer delgada y llena de vida. De piel canela y pelo lacio y brillante como el de un caballo. Su cuerpo macizo le daba un aire de fortaleza. La lucidez de su rostro arrojaba un vaho de sensatez, y, las chispas de sus ojos café, hacían enfatizar la nobleza de su corazón.

Matilda, iba vestida con una blusa blanca de algodón, una falda color celeste y unas sandalias de plástico de color rojo.

—¡Mi muchacho! —gritó Matilda, reflejando en sus ojos una luz de alegría.

—¡Hola! —dijo Santiago con la voz recuperada.

—¿Estás bien? —Matilda limpiaba sus lágrimas con un trapo de manta blanca.

—Estoy bien.

—¿Tienes hambre?

—No —contestó Santiago sin poder ocultar un aire de tristeza en su rostro—. Ya comí los tamales de mi abuelita.

Matilda, lo volvió a abrazar fuertemente derramando lágrimas de felicidad que se disolvían en su trapo blanco.

A su corta edad, Santiago no comprendía por qué lo habían abandonado con su abuela. Se preguntaba si realmente sus padres lo amaban. Sin embargo, días después su madre le explicaría en detalle por lo cual lo habían dejado al cuidado de su abuela desde sus primeros años; era porque su padre había conseguido un empleo en ese pueblo apartado de la civilización.

Las Palmas era un lugar inhóspito y propenso a muchas enfermedades contagiosas. Con una tasa alta de mortalidad infantil y lo peor de todo, sin un médico al alcance del más necesitado.

Tras caminar por cinco minutos en una calle de tierra húmeda, Santiago llegó a su nueva morada: un edificio rectangular de un solo piso, con techo de teja y paredes de ladrillo desnudas. El inmueble estaba dividido en varios salones que servían de Alcaldía Municipal, Estación de Policía, Centro de Salud, y Oficina de Correos y Telégrafos. Era en esta última donde Santiago viviría. Su padre Martín Pedrano, era el telegrafista del pueblo y estaba de turno las veinticuatro horas del día.

Al entrar a la oficina, que al mismo tiempo sería su vivienda, Santiago escuchó el sonido metálico del aparato transmisor del telégrafo. Vio a su padre descifrando mensajes en clave Morse, sentado en una silla de caoba frente a un escritorio del mismo material y color. Su progenitor estaba vestido con unos pantalones de lino azul y una camisa blanca de manga corta con líneas verticales de color rojo. Su padre usaba una antigua máquina de escribir de color negro y de forma cuadrada, cuya marca Royal resaltaba en letras doradas.

Cuando vio entrar a Santiago, su padre levantó la mano derecha para saludarlo, no sin descuidar su humeante cigarrillo reposado en un cenicero de cristal. Sus gruesos bigotes negros con las puntas enrolladas hacia arriba, se estiraban sobre su cara pálida en señal de alegría. No le era posible levantarse de la silla; debía estar concentrado en el sonido del telégrafo para interpretar los mensajes que al mismo tiempo plasmaba en pedazos de papel manila convertidos en telegramas.

Martín era tres años menor que su esposa Matilda. Tenía el pelo negro y grueso peinado hacia atrás, una nariz de águila y una frente amplia que le acentuaban su personalidad de macho latino.

—¿Cómo estuvo el viaje mijo? —dijo Martín, luego de levantarse de su escritorio.

—Bien —dijo Santiago.

—Desde hoy —dijo Martín—, ésta es tu casa. Nunca más vas a vivir lejos de nosotros. Tu mamá y yo te cuidaremos siempre.

LA PERRA DE ENFRENTE

Sebastian Ocampos

SU HOCICO SOBRESALE entre las rejas del portón. Tiene los ojos fijos en la casa de enfrente. Tenemos un nuevo vecino; es un extranjero, dice mi madre. Pero a Ernesto le interesa algo más: él está con el ánimo presto en la nueva vecina, una bóxer joven, muy joven, que le devuelve la atención visual desde el otro lado. Cuando percibe mi presencia espiándolo me echa una mirada de déjame salir acompañado de un ladrido a medias. Me hago el desentendido durante un rato sólo para que ruegue otro poco, y al final le abro las puertas de la libertad callejera. Con la cola oscilante, se da a la fuga hasta ubicarse en la vereda de ella, aún en cautiverio. Eso no les impide presentarse con sus olores.

No vuelvo a saber de la perra hasta que en una mañana la veo corriendo en la calle, de una esquina a otra, mientras Ernesto le ladra desesperado desde la muralla. Observo su casa. No hay movimiento. Pienso en invitarla a entrar, pues no confío en Ernesto con plena libertad de mandarse mudar con ella a quién sabe dónde. Al principio, cuando lo trajeron de cachorrito, no supe cómo llamarlo. En ese tiempo, una década atrás, me habían regalado *El viejo y el mar.* Me gustaba el nombre de Hemingway en castellano. Sería lindo llamarlo así, propuse a mamá. Ella lo repitió en voz alta, miró el techo y, tras un instante de silencio, dijo: Sí, está bien. Eso bastó para que de ahí en más fuera Ernesto. No supe entonces que esa identidad repercutiría en una tremenda necesidad de aventuras. Si aumentamos la altura de la muralla y cambiamos el portón, fue a causa de que nuestro perdiguero salía de juerga por lo menos una vez al mes y regresaba casi una semana más tarde, muerto de cansancio y con un hedor a ultratumba que sólo desaparecía luego de dos baños seguidos. Ante esas experiencias, la perra es bienvenida. Apenas ingresa, se reconocen de cerca y van al fondo a derrochar su exceso

65

de energías, recorriendo a toda velocidad el perímetro del patio, uno detrás del otro. Cuando por fin se cansan, ladran por agua y se acercan a mí, babeándome en la cara y las manos.

De noche, miro la casa de enfrente y la situación se mantiene igual: nada a la vista. Incluso las luces permanecen apagadas. No sé qué hacer con la perra, si mantenerla con nosotros o dejarla en la calle. Pregunto a mamá qué sabe del nuevo vecino. Ella, gracias a su profesión de modista, tiene a las mujeres de la zona como clientas, lo que le permite estar al tanto de cualquier novedad. Hoy me chismosearon que es un español y que se apellida Moro. ¿En serio?, pregunto interesado, pues había leído *Elogio de la locura*, libro dedicado a Tomás Moro, cuyo apellido se me había grabado. Sí, pero sólo eso sé, ¿a qué se debe tu curiosidad? Es que no sé qué hacer con la perra; nadie está en su casa. Ah… y tenela nomás acá hasta que veas al señor; decile que estaba en la calle y la metiste por seguridad, ¿sí? Sí.

Al despertar vuelvo a echar un ojo a la casa de enfrente y no hay novedades; otro día después, tampoco. La gente de la cuadra nada sabe al respecto, algo bastante extraño. Es muy difícil pasar desapercibido en estos lares. Al tercer día, como Ernesto, mi madre y yo nos encariñamos con la perra y desconocemos su nombre, decido llamarla Marta, en homenaje a la escritora y esposa de Hemingway. A mamá, sin embargo, no le gusta. No es nombre de animal, sino de una persona, de una mujer, dice. Y Ernesto también es el nombre de una persona, replico. Responde con un gesto de eso no importa. Tanteo alguna explicación, más o menos comprende, recomienda otros nombres comunes de perras y al final se resigna, aclarando que en todo caso yo solito debo hacerme responsable de la perra, obligación que, conociéndola, no debo eludir ni un solo día.

Me hago cargo de ella cuarenta y ocho horas más. Al sexto día por fin hay movimiento en la casa de enfrente. Busco a Marta, le coloco el collar y la llevo. Aplaudo y aguardo. Insisto. Un señor sale de la penumbra del pasillo lateral. Es un varón alto, corpulento, con una frente amplia, talvez por la calvicie prematura. Pregunta, antes de llegar al portón y sin detener su marcha, si me puede ayudar en algo, con un acento marcadamente español. No, sólo le traigo a su perra, balbuceo, un poco intimidado. Pues te lo agradezco mucho; estaba preguntándome por dónde andaba, dice, calmado y con cierta frialdad, mientras permite que Marta entre saludándolo con su agitada cola amputada. En cuanto la ve dentro, cierra con llave el portón, vuelve a agradecer y se despide con un «Hasta pronto», retomando el camino hacia el pasillo. Y yo regreso a jugar con Ernesto el resto de la tarde, para que no eche de menos a su pareja.

Cerca de la medianoche escucho ladridos desaforados. Provienen de la calle. Salgo a mirar. Es Marta, o sea, pienso que es ella, pues no la veo. Los perros vecinos le responden con más ladridos. Trato de calmar a Ernesto. No puedo. El coro canino se prolonga durante unos minutos hasta que la cantante principal calla. Entonces Ernesto se calma y al rato regresa a la sala, donde lo aguarda su cama, un colchón grueso hecho a su medida. Observo la calle por última vez. Sólo el frío está presente. A pesar del cambio político, aún no salimos mucho de nuestros hogares, menos de noche. Es como si se mantuviera el toque de queda. Luego también voy a mi cama, a resguardarme bajo una frazada. Mamá ni siquiera salió a mirar qué podría estar sucediendo. Para qué, seguramente diría, si en unas horas las vecinas me van a contar el chisme con lujo de detalles.

Un par de días después veo de nuevo a Marta en la calle. Salgo y cruzo a la vereda de enfrente. Aplaudo. Aguardo. Insisto. En vano. Retorno. Ernesto espera con las patas delanteras y la cara sobre la muralla, previendo que se reunirá con su extrañada pareja. Abro el portón y el ritual se repite. Ambos van directo al patio trasero a hacer de las suyas. Me intriga saber cómo escapa Marta de la casa. Pregunto a mamá si sabe algo de eso. Ella cuenta que, según una vecina, el propio español la dejó fuera al salir de mañana. Ojalá regrese hoy mismo y no como la vez pasada… ¿Quién deja así nomás en la calle a sus animales? Percibo que mamá no está de buen humor, y le digo que no se preocupe: Si no viene será mejor para Ernesto. Ah, claro, vos pensás así porque no pagás la comida de los perros y ni siquiera les das de comer, dice, tomándose conmigo, sabiendo que carezco de defensa ante esas verdades, más que aceptarlas y al instante mandarme mudar a otra parte.

El español no vuelve. Pasan las semanas, una detrás de otra, monótonas, frías. Nadie sabe nada de nada, hasta que la televisión nos sorprende con la noticia de que un español de nombre Emilio Hellín Moro, ¿nuestro vecino efímero?, fue detenido por la Interpol, gracias a que un reportero denunció su paradero. El barrio se encuentra con las radios encendidas o frente a los televisores de algunas familias. Nosotros estamos en la sala de la casa de al lado, donde prácticamente nos asentamos, al igual que otras personas. El periodista cuenta los crímenes del español (de entre los que recalca el asesinato de la joven Yolanda González) y su espectacular fuga de la cárcel para venir a refugiarse aquí, bajo la protección del régimen dictatorial. «El español detenido—escuchamos atentos— trabajaba para los servicios secretos policiales y militares paraguayos. Y su captura se debe en gran parte a que Stroessner fue derrocado». En la sala, las señoras murmuran que siempre sintieron algo muy raro de ese extranjero. Ni siquiera saludaba, comenta una anciana, mientras nos enteramos de que Emilio Hellín Moro, quien tenía a su disposición varios domicilios en Asunción y se hacía llamar señor Moro a secas, colaboró en el secuestro y la desaparición de varias personas durante sus tres años de estadía en el Paraguay. Recuerdo la noche de los ladridos nocturnos de Marta, y digo a mi madre que debemos avisar a la policía cuanto antes. Me pongo de pie y voy a la comisaría, escoltado por varios vecinos. Explicamos que el español de la televisión vivió algunos días frente a mi casa, y los policías, sin perder el tiempo, nos acompañan al lugar en cuestión. Llegamos. Unos entran y otro se queda a escribir en una planilla mi declaración. En una noche la perra del español ladró muchísimo, eso fue lo más extraño que oí; y sólo una vez vi al extranjero, agrego pensando que es importante. El policía toma nota sin abrir la boca, ni siquiera para preguntar por la perra, y cuando nada más tengo para contar, también ingresa en la casa. Marta y Ernesto ladran desde el otro lado de la calle. Voy y trato de calmarlos, pero ella insiste en salir. La detengo y observo a la gente que viene a enterarse del acontecimiento, inaudito en el barrio. Más tarde, veo a unos agentes fiscales y a varios periodistas de distintos medios entrevistando a quien quiera hablar. Al salir los policías, los periodistas se les arriman como unos perros callejeros a la basura y les preguntan si hallaron algo. Escucho, ya metido en medio de ellos, que nada encontraron, que seguramente sólo venía a esta residencia de tanto en tanto, pues no se permitía estar muchos días en un mismo domicilio.

La noticia es un virus: se transmite a todos los hogares y no hay una sola persona del barrio que no esté enterada del suceso. Marta ladra día tras día. Ha de extrañar a su dueño, pienso. Mamá se cansa de escucharla y me ordena que la deje salir. Total, ¿adónde va a ir? Abro el portón y la veo cruzar la calle, con Ernesto a un lado. Voy hacia ellos. Llego y ambos me miran y rodean. Quieren entrar en la casa. Dudo. Observo el entorno. Es de siesta. Los vecinos descansan. Busco un espacio por dónde meternos. Fuerzo el portón y, luego de prolongado tira y afloje, abro lo suficiente para que los tres ingresemos rápido. Marta, con Ernesto detrás, va hacia el pasillo y de ahí al fondo, moviéndose de una esquina a otra, con el hocico casi pegado a la tierra. Cuando se pone a excavar con sus patas delanteras, retomo el pensamiento de días atrás. Ernesto se solidariza con la excavación. Los miro quitando tierra de a poquito y me acerco. Busco una pala. Sólo encuentro una madera larga. Los tres cavamos y cavamos, sin tregua, en mi caso temiendo lo peor. Al avanzar bastante y no encontrar nada más que tierra, titubeo y me pregunto qué tan profundo se pudo haber enterrado lo... enterrado. Pero los perros siguen. Eso es un indicio, pienso. Hay algo más abajo. Quiero pedir ayuda, aunque no sé a quién exactamente. Debo ir a buscar una pala de casa. Dejo la madera a un lado y corro apresurado hacia el pasillo. Entonces escucho el ladrido de anticipación de Marta. Me arrimo de nuevo y veo una bolsa de arpillera. Ernesto y Marta no se detienen y la rasgan, y ladran una y otra vez, a coro. Los perros vecinos se suman con sus voces y despiertan a sus dueños, mientras yo doy algunos pasos a tientas hacia atrás, me siento en el suelo y aguardo a que alguien más venga.

POESÍAS:
EN LA SOMBRA DEL TIKI

Francisco José Medrano Cuadra

UNA LAGARTIJA jurásica
saltó de la silla de madera al suelo
como acróbata de circo italiano.

La lagartija solitaria,
ajena a la situación del país,
ajena a los políticos de hoy.

Distante a las leyes
que solo favorecen al uno por ciento.

Distante al canto de los cenzontles.

MARINA

Francisco José Medrano Cuadra

VI TUS OJOS marinos,
Marina.
La noche del seis de agosto.
Vi también cómo te movías
Marina,
cómo las olas del Atlántico
en la marina del Sur
en una noche tranquila.
Ya te conocía
desde más niña.
¿Lo sabías?
Pero no sabía,
Marina.
Que serías mía,
Marina.

Y DIOS ME HIZO HOMBRE

Francisco José Medrano Cuadra

Respuesta a Gioconda Belli

Y DIOS ME HIZO hombre,
de pelo corto y duro
gracias a la genética
de la raza negra.
Un marido imperfecto.
Un amante apasionado
que no piensa con la cabeza.
Con una gran curva
que es mi abdomen,
que lo he tenido grande
desde chiquito.

Y Dios me hizo hombre
Dios sabrá por qué
no me habrá hecho mujer.
Tremenda loca hubiera sido,
quizás.

Y es difícil ser hombre
—hombre de verdad—
que ama, siente y llora,
un hombre que comete errores
y vuelve a amar.

Y se enciende
cada vez que pasa
una muchacha joven.

Y se enamora

de una muchacha
al entrar a un lugar.

Yo soy el hombre
que se enamoró de una niña
—de una niña que me olvidó—.

¡Gracias a Dios!

Yo bendigo mi sexo.

LO QUE PERDEMOS

Francisco José Medrano Cuadra

AL NACER VAMOS perdiendo
las horas de nuestras vidas.
Perdemos el reloj y con él,
los minutos crueles.

Luego perdemos nuestra inocencia.

Perdemos los amores
que no se olvidan
y los que se desintegran en la memoria.

Perdemos el avión, el tren, y el autobús.
Hasta perdemos las llaves de la casa,
del auto que perdimos en el estacionamiento.

Perdemos a nuestros seres queridos,
a los padres y hasta los hijos.

Perdemos nuestra sangre
con una cortada de cuchillo,
en un accidente automovilístico.

Perdemos la guerra que
nunca hubiéramos empezado.

Perdemos el anillo
y con él,
el compromiso de años.

He perdido la silueta de tu cuerpo
Al lado de mi cama.
Perdí tu presencia
en el espacio que era mío.

Perdemos la cuenta y con ella,
el equilibrio de nuestras vidas.

He perdido un amor
que no puedo olvidar.
A veces hasta perdemos las esperanzas.

Al final solo perdemos la vida.

PARTE DE FAMILIA

Luis Felipe Lomelí

—LA PEOR CARRETERA para manejar es la México-Cuernavaca.

—No manches, mano, ¿tú qué sabes?

El centro del Déefe es nostalgia ajena, tristeza compartida. No importa que no hayas nacido aquí ni hayas vivido aquí nunca, porque algo sientes que es tuyo. Pero no, nada es tuyo. Es un puto lugar de paso o un escondite. Los que se esconden son los que han morado aquí siempre o los que llegan buscando amparo. Todos ellos salen de noche porque la noche les pertenece y entonces el centro es otro, es el refugio donde felizmente te pueden matar porque venías a buscar la muerte. Y la conseguiste; si fuiste muy afortunado y las calles, la mugre, las ratas, el vómito acedo sobre las aceras y la rabia —eso, la rabia— la rabia de los otros no te adoptó como parte de la familia y ahí sigues merodeando en espera de que te maten de una vez, entonces la conseguiste.

Pero todos ellos aún no se distinguen, ahora es temprano. Ahora sólo salen esas hordas de burócratas-turistas, de compradores, de gente para la que es un lugar de paso, un trabajo; gente a la que se le hizo tarde y prefirió venir a perder el tiempo al café en vez de intentar hacer su transbordo, o que le habló a la amante y compró algo de lencería afuera del metro antes de llegar al hotel. Pero nosotros no somos como ninguno de los anteriores. Nosotros: yo y quienes están en la mesa de al lado discutiendo sobre carreteras.

—¿Entonces cuál, maestro?

—La México-Querétaro, mano. A huihui. Puro tepetonguero.

—Cómo va a ser la México-Querétaro, maestro. Si todavía me dijeras la México-Puebla, cámara, como quiera, pero la pinche México-Querétaro es cosa de niñas.

Nosotros: el que defiende a la México-Cuernavaca es Pedro, quien tendrá unos treinta años en esto y él dice que empezó a los

76

dieciséis. Yo le creo, yo lo recuerdo de verlo aquí y en otros cafés de la zona. El que alega que la México-Querétaro es Juanca, él inició más tarde y cuando lo cesaron después de diez años en la compañía de medicina veterinaria, estaba aquí siempre con ganas de que se lo tragara el mundo. Pero nunca se animó, nunca se fue caminando así nomás a media noche. Nosotros: los dos más que están ahí con ellos y no hablan. Manuel con su bigotito de priista y su chamarrita de nailon que algún día fue negra. Y el otro valedor que es aún más nuevo y del que nunca me ha interesado saberme su nombre. No sé. Supongo que uno se cansa, que uno ya no puede seguir acumulando datos a lo baboso como si fuera una supercomputadora. Hay que recordar sólo lo esencial, decía mi abuelo. Y de los esenciales todavía quedan por ahí el Berna, quien siempre se sienta del otro lado de la barra y hace cuentas. También el Checo, que ahora no vino, y Arturo que está en la mesa del fondo. Arturo es el único otro que prefiere leer mientras espera a un cliente en lugar de estar discutiendo zonceras.

—No seas mamón, cómo que la México-Puebla. Ni que fueran los tiempos de los bandidos de Río Frío, me cai.

—¿Hace cuánto que no la manejas, maestro?

—¿Hace cuánto que no ves las noticias? —dice Manuel quedito.

Yo estoy esperando a un cliente. Nosotros somos una especie en peligro de extinción: somos agentes viajeros. Así que no somos de aquí ni de ningún lado, porque todos los sitios se fueron muy lejos con el tiempo y ya ningún lugar se parece a lo que era. Eso lo sabemos mejor que nadie: hemos ido constatando cómo se van los compradores, las fábricas, las amantes. Todos nuestros hijos ya se fueron a la chingada y no van a volver nunca. Bien por ellos. Ellos se compraron el cuento de que podían hacer lo que les diera su gana. Se lo compraron porque nosotros se los vendimos muy bien. O, bueno, yo no: mi pinche exvieja y su ay, Toñito, tú eres un niño muy especial, muy inteligente, si tú quieres puedes ser astronauta como Neri Vela. Y ahí está el pendejo valiendo madre y a mí ya ni caso me hace. Nosotros. O más bien ellos: yo ya salté a las grandes ligas y ahora sólo me dedico a los negocios mamalones.

—Pero vámonos a las estadísticas, maestro, vámonos a las estadísticas. ¿Sabes tú en qué carretera suceden más accidentes por cada cien mil vehículos?

—Las estadísticas qué, estamos hablando de riesgo y en la

77

México-Querétaro hay puro valedor que nunca maneja en carretera.

—Pues por eso, maestro, ¿no que a ti te gusta mucho eso de hablar con los pelos de mi burro en la mano?

Mi abuelo no le hizo caso a su padre y en vez de estudiar se puso un trajecito y se fue a trabajar a un banco porque le dijeron que si llegaba a gerente la iba a hacer chilladora. Y la cagó. Llegó a gerente y luego a su banco lo compró otro banco y a él lo pusieron de patitas en la calle. Entonces se mudó de Jalisco al Déefe y se puso a vender de puerta en puerta, ahí la fue llevando mientras se empeñaba en convencer a mi padre de que estudiara una carrera universitaria porque con eso sí que tendría el futuro garantizado. Y mi padre la estudió. Sólo para graduarse con miles de contadores públicos que más rápido que de volada se volvieron desempleados. Egresados de la UNAM favor de abstenerse, eso decían los clasificados del periódico, y a mi padre le dio tal coraje que dejó de hablarle a mi abuelo y comenzó a culparlo de todo: de la caída de la bolsa en el ochenta y dos, justo cuando él creía que ya salíamos de pobres con su chamba en la BMV; de la hiperinflación que lo mandó al Zócalo con su letrero que rezaba Contador público, se hacen arreglos de fontanería, ahí esperando codo con codo al lado de cientos de contadores, licenciados, albañiles y pelados que sí sabían arreglar un puto escusado mejor que mi padre. Por eso nos fuimos a provincia. Por eso yo no estudié. Porque allá en Morelia mi padre también se puso a trabajar de vendedor, pero nunca le dijo a mi abuelo.

—Cuál burro, pinche ajolotito. A ver, Manuel, préstame tu microscopio pa vislumbrar de qué está hablando este cabrón.

—Ya quisieras, puto —dice Pedro, quien siempre empieza a alburear nomás para terminar reculando—. A ver, maestros, ustedes que no han dicho ni pío, ¿qué carretera les parece más peligrosa?

—¿Hoy día? —pregunta Manuel.

—Sí, hoy día.

—¿Aquí en México? —pregunta el valedor cuyo nombre no recuerdo.

—Sí, aquí en México.

—¿Para manejar con auto propio? —insiste Manuel.

—No, pendejo, para ir en burro prestado.

Ser agente viajero era la mejor opción de trabajo si no tenías estudios y no eras moreno. Ni pedo, las cosas como son. Así que así le bajé la cartera de clientes a varios compañeros en cualquiera de las empresas donde que trabajé. Yo ni cuenta me daba pero así era. Una vez, cuando me puse a vender productos químicos para el aseo, el dueño de un restaurante me dijo: Me alegro que haya venido usted y no el otro, siempre es mejor tratar con gente como uno. Ahí me cayó el veinte. Yo podía farolear. Entrar a los grandes negocios. Y me tardé un rato porque para un buen negocio sólo se necesitan tres cosas: una idea chingona, un financiamiento adecuado y un valiente que tenga los huevos para hacerlo. Nomás que es difícil conseguir las tres al mismo tiempo y al inicio yo tampoco estaba tan seguro con eso del faroleo. Empecé quedito. Mejores trajes. Ensayar frente al espejo la actitud arrogante. Quien no tiene actitud de patrón, jamás será patrón. Cambiar mi nombre en la tarjeta para que resaltara el apellido compuesto. Y sí, señor, a los Ramírez los conozco desde hace mucho, yo le di la idea a Memo de franquiciar las salas de cine. Cosas de amigos, ya sabes. De ahí nomás me cae una rentita con la que saco para los cigarros. Así el asunto: dinero llama dinero y el dinero en este país es güero. Pero lo más importante es que te muestres seguro de que tú puedes hacer eso que a ellos les da miedo. Sólo que este cabrón no llega.

—O te puedes ir en el ajolotito de Pedro, cabalgando miserias.

—Chingada madre, cabrones, no se puede tener una plática seria con ustedes.

—Ya, Periquito, no te esponjes.

—Puro cabuleo sano.

—Puro fuego amigo —dice Juanca y el valedor cuyo nombre no recuerdo se tensa.

El Berna pide la cuenta desde el extremo de la barra. Cierra su cuadernito donde hace sumas de pedidos y resurtidos, lo mismo que hacía yo cuando me dedicaba a los negocios pirruñas. Yo miro la hora. Mi cliente viene tarde. Así son los pinches chilangos. Está bien, no hay pedo. Viene una hora tarde pero así son estos culeros. Además, es hora pico. Sólo que se necesitaría ser muy idiota para dejar ir unos milloncitos. ¿O será que me saltaron? No: el único que tiene contacto con el proveedor soy yo, acá nadie sabría de los chinos si no fuera por mí. Y ése es el negocio ahora, abrirse al mercado global. Dejar de ser provincianos. Eso es lo que trato de explicarle a mi hijo pero él está muy en lo suyo neceando igual que su mamá. Ni siquiera fue para ayudarme a traducir las cartas de los chinos. Y todos ellos están igual: sus hijos valen pa pura verga.

—Yo digo que la carretera más cabrona es cualquiera de Sinaloa si te sales de la autopista —dice Manuel.

—No mames, maestro, si por ahí no conduce nadie —revira Pedro.

—Por eso.

Y se quedan un rato en silencio.

El valedor cuyo nombre no recuerdo arruga su servilleta sin mirarla, sobre la mesa y con una sola mano, con los ojos puestos en una de sus rodillas.

—O la que tú quieras de Tamaulipas, sobre todo en la Frontera Chica —continúa Manuel.

Arturo ya se acostó sobre su libro. Eso ahora es raro porque ya casi no hay agentes viajeros y ya no se puede fumar en los cafés. Antes era de lo más común. Nadie te jodía por eso. Porque éramos su única clientela nocturna y aquí teníamos que amanecernos muchas veces, porque ya no habíamos alcanzado la última corrida del camión o porque el cliente nos había cambiado la cita para el día siguiente. Esto era la casa. Tal vez más que la casa, el único hogar que permanece: ahí afuera, mientras todo se iba a la chingada, el centro del Déefe seguía siendo el mismo, guarecido, invisible, inmune por más que llegaran los desarrolladores a transformarle la fachada. Y así sigue, la cara sólo cambia para los burócratas-turistas, para los que están de paso. No para nosotros que lo vemos a todas horas. Aunque sea tras la ventana. El café. El lugar más a gusto para dormir era ese Denny's que estaba sobre Luis Pérez Verdía en Guadalajara: ahí nos dejaban toda la sección de atrás para nosotros y hasta nos apagaban las luces. Los sillones estaban acolchonaditos, de color caoba y hule espuma. Olía a madera, a aceite rojo tres en uno recién frotado en las mamparas. Olía a piel. El portafolios era la almohada. Pero eso ya se acabó: la colonia Lafayette es otra, los cafés son otros en todos lados y en un rato van a despertar a Arturo.

—O cualquiera de Tierra Caliente en Michoacán —insiste Manuel y Pedro y Juanca parece que no saben qué responderle: ellos sólo han trabajado la zona centro. Así que recala:

—O ir de pueblo en pueblo zanqueando clientes, pa'cabar pronto.

Este cabrón no llega. El mensaje que le mandé lo dejó en visto. Así son los pinches riquillos: no saben qué hacer con su dinero y luego les da hueva hacerse más ricos. El hierro que quieren los chinos saldría de ahí de Michoacán, por Lázaro Cárdenas. Y sí, hay que acordar con los duros del área y pagar las cuotas. Así es esto. Yo ya lo tengo arreglado. El negocio de la mina de Sonora se cayó porque mataron al vendedor. Pero yo ya aprendí. Hay que irse adaptando. Mis amigos de la mesa de al lado siguen discutiendo sobre carreteras y el centro se ha ido vaciando de burócratas-turistas mientras el valedor cuyo nombre no recuerdo sigue en silencio. Va apareciendo la gente que es de aquí, los que aquí nacieron o los que llegaron en búsqueda de amparo, empieza a ser ese centro que es otro: el que pocos ven. Y cambia el aire. No lo puedo oler pero lo siento. Uno aprende a palpar el entorno como si fuera un insecto con antenas invisibles: esa sensación de familia caníbal y madrastra amorosa. Algo así decía un libro que sepa la bola cómo se llamaba, Lechuga o Carvallo o Garza era el autor. Tenía un apellido de animal o de legumbre. Pinche mesera culera ya fue a despertar a Arturo y Arturo le dijo que sí pero se volvió a acurrucar sobre su libro. No va a durar. Tampoco el resto de la clientela que ya comienza a irse.

—Pero todas ésas son exageraciones, maestro, son casos específicos. Estábamos hablando de cuál es la peor carretera para manejar y tú sales con tus mamadas de caminos rurales.

—Tiene razón mi carnal el del ajolotito. Neta que no mames, Manuel.

—A ver, maestro Kevin, tú qué no has dicho nada cómo ves este borlote.

Se llama Kevin. Oquei. Olvidaré su nombre en seguida. El tipo levanta los ojos lentamente.

—No sé. Antes de esto yo conducía un camión de abastecimiento en Afganistán. Tenía la ruta del noreste. Hasta Kabul. Lo más de la chingada era pasar por la sierra. Mi Virgencita me cuidó de las minas.

—A la madre, maestro, ¿y por qué te regresaste? Carajo, no se rían. No, chingados, que no. Lo que yo quería. No. Eso no. Lo que quería decir es. ¿Ya le paran? Chingadamadre, aquí los espero. ¿Ya? Mucha pinche risa. ¿Me van a dejar hablar? Bien. Lo que yo quería decir es que si Kevin andaba por allá es porque estaba con el ejército gringo y le habrán dado su grincar, ¿no?

—Me deportaron en cuanto regresé.

Y se quedan callados por un rato. Largo rato. Luego se para Pedro y dice que se va a su casa y así se van yendo todos poco a poco antes de que el centro saque sus garras de madre, sus uñas postizas, esmalte carcomido, mugre debajo con olor a óxido, sangre seca, brillantitos de plástico para hacer danzar la luz de los arbotantes, manos amorosas. Mi cliente ya no vino. La mesera despierta una y otra vez a Arturo y Arturo insiste en volverse a dormir. Hasta que llega el gerente. Le llamo a mi hijo. No me responde. Casi nunca lo hace y aquí ya no me quedan amantes porque todas siguieron su camino. Salgo también. Arturo está aquí junto a la puerta viendo la noche, la calle.

Nos miramos.

El aire ya es otro.

Miro a Arturo y sé que piensa lo mismo que yo, que estamos a punto de hacer lo mismo.

Alguien silba en la distancia, un silbido elaborado, largo.

Es una llamada, un parte de familia.

¿NO LO PODRÍAN DEJAR ENTERRADO?

Carlos Ponce Meléndez

CUANDO UN TERREMOTO sacudió a la Ciudad de México en 2017, la policía localizó a la esposa de Juan Nepomuceno Juárez para darle la noticia de que habían encontrado a su marido atrapado entre los escombros del estacionamiento de un motel. En una patrulla la trasladaron a ella y a su madre al edificio semi derrumbado del motel de paso "El Buen Rato". Al llegar al lugar, el capitán de bomberos, Uriel Martínez, le aseguró a doña Raquel que había varias brigadas de socorristas trabajando para rescatar a Juan y tenían la esperanza de poder sacarlo vivo para esa noche. Raquel agradeció las palabras del capitán y se retiró a hablar con su mamá. A Martínez le extrañó que la mujer no mostrara mucho júbilo pero lo atribuyó a que ya llevaban dos días desde el temblor y la gente estaba agotada y deprimida. Después de unos treinta minutos, doña Raquel se acercó al capitán de nuevo y le pidió hablar con él en privado. Martínez se extrañó pues eso lo quitaba de la labor de rescate pero llevó a la mujer a un lado del edificio que estaba solo. "¿En qué le puedo servir señora Juárez?" "Pues verá oficial, no me resulta fácil decirle esto pero le quisiera pedir un favor." "Sí, dígame señora, ¿en qué la puedo ayudar?" "¿No sería posible que dejaran a mi esposo enterrado?" El bombero se sintió mareado ¿había oído bien? Decenas de hombres estaban jugándose la vida por salvar a un individuo y su mujer quería que lo dejaran morir. Era la primera vez en su vida que le pasaba algo semejante. ¿Qué clase de esposa era esa alimaña? ¿una viuda negra que quería aprovecharse de una desgracia para deshacerse de su marido tal vez por un seguro de vida o un triángulo amoroso? La señora Juárez aprovechó el desconcierto del capitán para explicarle: "no piense que soy una desalmada señor, lo que pasa es que mi marido dista mucho de ser un buen hombre. A pesar de que llevamos veinte años de casados y tenemos nueve hijos, no me da para el gasto, me pega casi todos los días y a mis hijos los tiene aterrorizados a base de golpes e insultos. Ni más ni menos, el día de hoy yo fui a cobrar lo que me debía una señora a la que le lavo ropa, iba a usar ese dinero para comprar las medicinas para mi hija menor que está muy grave con neumonía pero en cuanto Juan se dio cuenta que yo traía dinero me lo quitó a la fuerza y se largó a la cantina. Allí es donde consigue suripantas y de seguro que estaba en el hotel con alguna de ellas". La cara de la mujer mostraba una tristeza infinita y las lágrimas se le asomaban por sus cansados ojos a la vez que subiéndose las mangas enseñaba moretones y cicatrices viejas y recientes, marcas de una vida difícil, su dentadura revelaba solo la mitad de sus dientes, de hecho, aquella mujer que debería andar por los 45 años parecía tener al menos 20 años más.

El bombero se quedó con la boca abierta, así que ellos estaban trabajando bien duro para salvar a un maldito borracho abusador. Miles de ideas circularon por su mente en un instante pero solo alcanzó a balbucear, "Señora Juárez, yo no puedo dejar que su marido se quede enterrado si es que puedo salvarlo. Es mi obligación, es la obligación de los bomberos, nosotros no podemos tomar decisiones de a quien salvar y a quien dejar morir. Si su marido la maltrata tanto, usted puede ir a las autoridades y hacer que la policía lo detenga y lo meta a la cárcel pero por lo pronto yo voy a seguir escarbando para sacar a ese hombre." Al discurso del bombero se unían gritos de sus compañeros que le exigían que volviera a su labor, "Uriel vente a apuntalar un palo en la esquina," Uriel, apúrate, traite botes para sacar los escombros que nos están estorbando." Sin decir más, el bombero se dio la vuelta y se alejó rápidamente para seguir trabajando. La cara de Raquel no mostró ninguna emoción, estaba acostumbrada a perder y sabía que su petición al bombero era descabellada. Pero había querido tratar de aprovechar la oportunidad, si su Juan moría, ella y sus hijos tendrían un poco de paz, un poco más de dinero, ya ella no luchaba por su felicidad pero no quería que sus hijos siguieran sufriendo con los golpes e insultos de su padre.

Uriel trató de ocultar su confusión trabajando más duro pero no podía quitarse de la mente las palabras de la mujer y es que le recordaron su infancia, él también había sido víctima de un padre violento que golpeaba a su madre. A pesar de sus ruegos y amenazas su papá no paraba de buscar cualquier pretexto para pegarle a Refugio, su mamá. Como el día en que se enteró de que ella había acudido a denunciarlo a la policía. Eso lo enfureció como nunca. Después de ir a la delegación a declarar y prometer que ya no iba a maltratar a su mujer, llegó como a la casa haciéndose el tono: "¿así que no te gusta cómo te trato, mi vida? ¿Pues por qué no me lo habías dicho antes, mi cielo? Mi amada Refugio". La pobre mujer estaba confundida ¿hablaba en serio su marido? "No pido mucho Gonzalo, nomás con que no te enojes tan fácilmente me conformo. Si me dices lo que quieres yo lo haré para que no te sulfures y no avientes las cosas". Pero Gonzalo, esbozando una sonrisa maliciosa agarró el plato de frijoles que le acababa de servir su mujer y tirándolo al suelo le dijo: "pues que bueno que me lo dices porque de ahora en adelante quiero que comas del suelo, ese es tu lugar, vieja maldita. Arrástrate para tragar la comida que yo te doy a ti y a la bola de escuincles que ya me tienen hasta el gorro y si cuando venga la idiota de la trabajadora social a ver si tienes quejas de mí le dices algo, te lo juro que te mato. No me importa si voy a dar a la cárcel, nadie me va a quitar el placer de golpearte hasta que me canse ¿me entiendes?" Desde ese día Gonzalo fue muy cuidadoso de pegarle a su mujer con una almohada para no dejar huella de sus abusos y cuando la trabajadora social se presentaba a visitarlos Gonzalo actuaba tan convincente que la mujer no sospechaba nada, tanto así que la trabajadora les comunicó: "me da mucho gusto que todo se haya arreglado, yo creo que su caso no era tan grave así que ya no los voy a volver a molestar. Tengo tantos casos que no me doy abasto, ¿está de acuerdo señora?" Su mamá estaba aterrada pero no se atrevió a contradecirla enfrente de su esposo, temía que al irse la mujer, su esposo cumpliera sus amenazas de matarla. "Sí señorita, mi Gonzalo ha cambiado mucho, le agradezco mucho lo que hizo por nosotros". Pero en cuanto la trabajadora social abandonó la vivienda, Gonzalo se jactó: "Ahora sí vieja, ya no tendré que pegarte con guantes, nomás que me hagas enojar de nuevo y vas a ver cómo te va a ir". La siguiente semana Gonzalo llegó borracho y maldiciendo a todo el mundo. Comenzó a romper los platos, las sillas y todo cuanto se encontraba a su paso. Uriel, ya de catorce años trató de calmar a su padre pero este la emprendió a golpes contra su hijo. Sus dos o tres hermanos, menores que él, gritaban desesperados pero Gonzalo no paraba de tirarle puñetazos a la ensangrentada cara de Uriel. Casi estaba por desmayarse cuando se dio cuenta que los golpes habían parado, cuando abrió los ojos, pudo ver que su madre había golpeado a su marido con la plancha. Gonzalo sangraba pero sus ojos denotaban una furia que nunca le habían visto, agarrando a su mujer por un brazo, le arrebató la plancha pero esta cayó al suelo. El hombre se abalanzó sobre su esposa tirándola al suelo. Entonces, comenzó a patearla con todas sus fuerzas. Uriel recogió la plancha del suelo y con ella golpeó a su padre con todas sus fuerzas. Gonzalo cayó redondo en el suelo y solo alcanzó a voltearse a ver quién lo había golpeado, al ver a su hijo con la plancha le dijo: "de esta no vas a salir vivo, maldito. Te voy a matar a ti y a tu puta madre que tanto quieres". A duras penas el padre se arrodilló para levantarse, pero el terror se apoderó de Uriel quien instintivamente le propinó varios golpes en la cabeza con el instrumento que tenía en la mano. No supo cuántas veces le pegó pero vio que el cuerpo de su padre cayó al suelo pesadamente. Ya no volvió a hablar ni a tratar de levantarse. Refugio declaró que ella había sido quien había golpeado a su marido con la plancha. El juez la reprimió con el pretexto de que se le habían dado todas las facilidades para que ayudara a su marido a reformarse, y esta, en lugar de tomar ventaja de la ayuda, había decidido matar a su marido. Su condena, quince años de cárcel. Desde entonces Uriel se encargó de sus tres hermanos menores con la ayuda de su abuela y de un tío que de vez en cuando les pasaba un poco de dinero para ayudarlos. Trabajando de mandadero, mesero, cargador y después de chofer, Uriel logró sacar adelante a sus hermanos y él mismo estudió para mecánico. Cuando entró a trabajar al cuerpo de bomberos para arreglar los vehículos averiados Uriel se enamoró de la función de esa institución y al poco tiempo logró que lo admitieran de aprendiz y luego de cadete bombero. Al poco tiempo se casó con una enfermera y con la llegada de dos hijos se dio por satisfecho. Su mayor pena fue que su madre muriera en la cárcel aunque ya para entonces ella sabía que su hijo tenía un buen trabajo y los días de visita le llevaba comida y dinero para que se pudiera comprar fruta, dulces y refrescos que vendían en la cárcel.

Adán salió del estrecho agujero por el que apenas y cabía una persona, "ya casi está libre, solo falta quitar unos palos que estorban para sacarlo y habremos triunfado" dijo el bombero con orgullo. "Te toca la última parte", dijo el supervisor a Uriel, "acuérdate de proceder con mucho cuidado pues si te entusiasmas le puedes zafar un brazo o una pierna". La mente de Uriel regresó de sus memorias lejanas y apenas y alcanzó a asentir con la cabeza a la vez que comenzó a deslizarse por el hoyo. En el departamento él y sus compañeros estaban bien entrenados a concentrarse cuidadosamente en cada paso para no cometer un error y para desechar cualquier asomo de angustia, miedo, ira, que pudiera interferir con cada rescate. Pero Uriel no pudo controlar sus pensamientos por más que trataba de seguir las reglas tantas veces ensayadas; "una cosa a la vez, voy a salvar a una persona, esto es el honor más grande que puedo tener como bombero. Aun cuando en este caso se trate de un maldito borracho, hijo de su perra madre. ¿Qué estoy pensando? Por Dios, tengo que cumplir con mi deber, además la mujer me pudo haber mentido, o al menos ha de haber exagerado, todas las mujeres lo hacen. Quién sabe. Se veía sincera, me pareció ver la cara de mi madre en su expresión, y no me extrañaría, mira donde estaba este hijo de perra, en un hotelucho. Roberta, la mujer que sacamos ya nos confirmó que estaba con ese hombre y hasta dijo que a la mejor se había caído el hotel porque el tipo le pegaba. Maldito, nosotros arriesgando la vida por salvar a un hijo de la chingada que se la pasa haciendo sufrir a quienes puede. Tal vez sería mejor dejarlo morir, total que eso sería mejor para mucha gente, diablos ¿Qué estoy pensando?" Los pensamientos conflictivos lo atormentaban pero seguía excavando mecánicamente, "esta vez no siento alegría como otras veces, no sé para que me dijo esa mujer que su esposo la maltrata, me siento mal, si lo saco me va a dar remordimiento pero si no lo saco me va a ir peor, voy a ser un criminal y capaz que me echen del equipo o que vaya a dar a la cárcel, Dios mío ¿Qué debo hacer?" Uriel oyó un quejido: "aquí estoy, sáquenme que me muero, no puedo respirar, aire, aire". Uriel vio la pierna del viejo y comenzó a mover los maderos que tenían atrapado al hombre. Con la luz de su lámpara vio que el tipo era un individuo flaco, le pareció patético, distaba mucho de la imagen que se había hecho de él. De hecho, el viejo golpeador se veía aún más viejo que su esposa. "¿Cómo puede golpear a su mujer si está tan debilucho?" ya sin las vigas que lo tenían atrapado lo comenzó a jalar hacia él poco a poco, el hombre pudo voltear la cara hacia él y Uriel casi se ríe; se le figuró un pájaro aterrado. "Me duele todo, por Dios que me duele todo, he de tener rotos todos los huesos", dijo Juan. "Pues así es como le duelen los huesos a su mujer cuando usted la golpea" se le salió decir a Uriel. Inmediatamente se dio cuenta de su imprudencia pero ya era muy tarde, la reprimenda le había salido de muy adentro de su ser, era como una recriminación a su padre. El hombre abrió los ojos desmesuradamente al sentirse atrapado en lo físico y en lo moral, su boca se le torció; sus ojos parecían volar de una esquina a la otra. Uriel no supo por qué, pero le causó una lástima inesperada ver el gesto del sujeto al que un segundo antes quería ver morir. "No se preocupe hombre, yo no lo voy a dejar morir, lo voy a sacar a como dé lugar". Para sorpresa de Uriel, Juan retiró su pierna de la mano de su rescatista violentamente y se aferró a un tubo que estaba cerca de él. Uriel se desconcertó, era la primera vez que le sucedía que una persona se negara a ser rescatada. "Ya le dije que no tenga cuidado, lo voy a ayudar a salir, lo que pase con su mujer no es mi asunto, yo no soy policía". "Entonces por qué me acusa de pegarle, ¿acaso le consta? ¿Qué le dijo mi mujer? Yo apenas y la toco y ella dice que la golpeo pero no es cierto, algún aventón le habré dado pero nada más". Uriel se sintió arrepentido de haber reprochado al teporocho su conducta con su esposa, después de todo, Juan tenía razón, a él no le constaba que él la maltratara y aun si lo hiciera, él no tenía derecho a juzgar a sus semejantes. Un sinfín de emociones le llenaron la mente; me está mintiendo, es un pobre jodido, me está poniendo en peligro al no cooperar, puedo perder el trabajo que tanto me costó conseguir, es igualito a mi padre, ha de estar mal de la cabeza, lo debería dejar que se pudra en este hoyo, a pesar de todo es un ser humano. Uriel respiró profundo y se concentró en lo que había aprendido, hacer lo mejor que podía, un paso a la vez, en este caso trataría de volver a ganarse la confianza del hombre para que cooperase. "Mire amigo, yo también tengo familia, tengo dos hijas chicas y luego mi esposa, a veces yo también tengo problemas con mi mujer pero todo se puede solucionar con un poco de tiempo y hablando. Estoy seguro de que a usted le pasa igual, vamos a salir de este hoyo y verá que todo se va a arreglar con la bendición de Dios". "No pues usted no conoce a mi vieja, yo sí la quiero pero ella no entiende que uno como hombre tiene necesidad de tener una aventurilla de vez en cuando. Nada serio, ella seguiría siendo la catedral y las demás solo son capillitas pero Raquel no entiende, por eso a veces sí le he pegado, pero ni crea que con fuerza, ¿A poco cree que no la hubiera matado si le hubiera pegado con ganas? Pero Raquel no me entiende. Así era mi padre y mis tíos, si ella no quería esta vida mejor no se hubiera casado conmigo. Ella ya sabía cómo somos en mi familia, casi éramos vecinos así que estaba enterada de nuestro modo, a ver, y Roberta, la mesera con la que estaba en el hotel nomás es una capillita, ¿a poco usted no ha tenido sus deslices por allí?" Uriel podía contestar que no pero no quería alienar a su rescate así que mintió, "Bueno pues para qué le voy a decir que no, yo no soy mujeriego pero como hombre pues he tendido mis tentaciones". "¿Ya ve?, ¿Ya ve lo que le digo? Pues es lo natural, así nos hizo Diosito y nosotros nomás picamos por aquí y por allá pero volvemos a la querencia". Uriel siguió escuchando al sujeto que seguía hablando con mucho entusiasmo. Cuando sintió que ya se lo había ganado hizo su siguiente movimiento, "disculpe ¿cómo me dijo que se llama?" "Juan, Juan Nepomuceno Juárez para servirle, vecino de este barrio de toda la vida y carpintero de los buenos, ahorita ando de capa caída porque perdí mi trabajo pero nomás que me den un martillo y unos clavos y yo le construyo una casa en un par de días". "Ah pues es bueno saberlo porque precisamente yo estoy buscando quien me haga unos roperos para los cuartos de mis hijas". "Pues nomás me da las medidas y el estilo que lo quiere y verá qué chulada de muebles le hago, y le doy precio barato". "Fantástico, nomás que primero tenemos que salir de aquí, a ver, déjeme jalarlo de la pierna y usted vaya empujándose con las manos poco a poco". Juan se volvió a deslizar hacia el bombero y los dos comenzaron a escurrirse hacia la salida. La maniobra fue extremadamente lenta, pues había partes por las que apenas y cabían sus cuerpos, pero al cabo de dos horas que parecieron eternas los pies de Uriel fueron capturados por sus compañeros, y ya con la ayuda de los demás rescatistas los dos hombres quedaron libres. Un gran número de gente veía desde lejos, acordonados por la policía para que no estorbaran, y al ver la salida del rescatista y el rescatado comenzaron a aplaudir y a echar porras a los bomberos, a México, a la Virgen de Guadalupe. También había varias cámaras de televisión y decenas de reporteros, advertidos por las autoridades, los camarógrafos y fotógrafos, se habían apostado en lugares estratégicos para poder captar imágenes que, de seguro serían vistas por millones de personas en todo el mundo. Tanto Uriel como Juan esbozaban sonrisas de oreja a oreja, era como volver a haber nacido. Los compañeros de Uriel lo abrazaban efusivamente y Juan, al ver a su mujer, fue a abrazarla llorando: "perdóname viejita, te lo juro que ya no volverá a pasar. Mira que esto fue un milagro, ya hasta salí con una chamba". La desconcertada Raquel abrazó a su marido forzada por los gritos de los presentes, él parecía sincero, y por otro lado todo mundo los estaba viendo así que, aunque escéptica, aceptó el abrazo de Juan sin decir nada. En ese momento, Roberta quien había estado recuperándose en una silla en el puesto de la Cruz Roja, llegó por detrás de Juan con un tubo de los desechos del derrumbe y le propinó tal golpazo en la nuca a su amante, que este cayó como saco de papas. "Así que me estabas engañando y ni pensabas dejar a tu mujer, rata infeliz, pues has de saber que conmigo no se juega." Un bombero que estaba cerca de ella la detuvo para que no siguiera golpeando a Juan. Una enfermera llegó a atender al herido en menos de diez segundos pero el rescatado del derrumbe no pudo ser rescatado del tubazo, fue declarado sin vida en el lugar.

EL RITMO DE CHILE°
(to be read aloud with increasing speed)

Rich Gerston

TILTIL, Taltal, Chol Chol, Llay Llay,
Pichidangui, Pichilemu, Pichidegua, Panguipulli,
Chaitén, Aisén, Totorahillo, Calafquén,
Choshuenco, Cherquenco, Chorioco, Chacabuco,
Chillán, El Volcán, Mulchén, Arrayán,
Riñihue, Panquehue, Tapihue, Manquehue,
Carampangue, Locopangue, Curarrehue, Litueche,
Collipulli, Conchalí, Quilicura, Machalí,
Limache, Illapel, Petrohue, Pudahuel,
Cunco, Concón, Quillón, Pucón,
Malipilla, Chaitén, Villarrica, Llanllaquén,
Maipú, Chimbarongo, Maipó, Talcahuano,
Iquique, Calama, Maulin, Curacautín,
Chuquicumata, Atacama, Tinguiririca, Tagua Tagua.

°composed entirely of names of cities in Chile

A FRIEND OF MINE

Michael T. Smith

I WENT AND SAW a friend of mine
We went outside to play
In fields of haughty woodbine,
Sun cresting at midday.

But soon the shadows all around
Had made the dusk the queen
And my friend made a soft sound.
(Do you know what I mean?)

"A spirit," he said, pointing out
Some tall and grassy knoll.
"A certain part, a hot bout
Of the past's forlorn toll."

So heel to heel we walked along
Humming a gentle song.
But as I stared and looked 'round
My friend, nowhere, was he found.

FILM

Michael T. Smith

OUR WORDS ARE like a film out of joint
Where our lips don't match.

But all the special effects please the masses
In a period piece of an audience gone past.

The self-same 19th Century sun –
The prophecy for all the young –

Meets an unknown stranger in the foggy
Nooks of every lover's twisting mind.

And you walk off the end of the flat world,
For you said chestnuts always come in pairs,

And you and I and love: we live
In a moist cloud of temperate sighs,

So know the oracle of the past spoke in jest,
Like Greta Garbo from a dummy's hest,

So, my bulb, smile your words
With just those two lips alone.

OUR DREAM'S ON A STROLL

Michael T. Smith

(To M-)

OUT ON A PORCH
Somewhere left of tomorrow
The Birds sang all around us.
Once I thought I was born an analogy,
So I sang words straight out of a can.
But for us now, the wait is over -
I'm still holding you.

A slogan: 'Stroll with a heel-to-toe step:
The World is only as big as a mind.'
And now the world is just a reflection
Of your smile.

Our hands formed a Mobius strip
As rain egged
The seconds on
While you trickled into me.
Who said that? You asked.

Fitting an ocean
Between empty bed sheets,
Our bodies were like an Impressionist painting,
And my words came out a blur. And the things I want to say
Are the things I think you know:

I wanted to read you the history book of the ego
But I looked in your eyes and got lost
In some familiar place.

Then, like when a mirror's too shy to see itself
Thought carried thought
As my lips were silenced on your neck.
But you understood it all
Here's the truth:
I'm only a poet
When I think of you.

TO STEAL A CENTO

Michael T. Smith

SHE DWELT among the untrodden ways.
In the deserted, moon-blanched street,
They came in a ramshackle tub.
Children of the future age,
You will not emerge from subterranean time.
Thus I complain, in piteous strain,
O wake in me in my house in the mud
Or influence, chide or cheer the drooping stage
Upon the Muses' anvil; turn the same.
Some thrice three years: they went and came,
It may be that the gulfs will wash us down:
"He saw you, then? What did he do? Did he frown?"
The catch-cries of the clown, Was born to wear a crown.
Ye know on earth, and all ye need to know
And Uniforms of snow
Set me where as the sun doth parch the green.
Waves that warble twitteringly,
And moulded in colossal calm
Tell me not, in mournful numbers.
This said, I am thine—and so its ink has paled.

UNTITLED

Michael T. Smith

I WANT TO BREAK the morning in two
And give both sides equal love,
Erect a wrought iron gate against the sunshine -
That shower of light slowly trickling to my eye,
Fill up humanity like a balloon
To meet the horse-drawn carriage of tomorrow's boon.

I took an insurance policy out on the sun,
So bury that horse in the ground.
For in the margin of the horizon,
Lies the shadow of your face,
Moving twenty-five thousand miles in pace
To wind up in the bulky same place.

Soldiers of something hard-to-speak
Hide in a fortress of bed-sheets
And pick up the sun in pieces small
To store them in my blue jeans' pocket,
Knitting up lint of mine in miniature
On a rock of clay doing the grand tour.

Desire is known as a field of weeds -
Only ever a model of nature's beauty.
And posing on a lone hill outside my window,
A lone light-bulb filters my mind
With eyes closed to the leaves of time,
Which downward falls in a' near-rhyme.

TOWER RECORDS

Marcos Pico Rentería

MI PRIMER EMPLEO en Estados Unidos fue en una tienda de discos. En aquel entonces apenas había vivido un año y unos meses en el país. Mi inglés era justo lo suficientemente bueno para poder entablar una conversación simple. En *Tower* conocí los más extraños personajes que jamás había visto. Según supe, esta era la única tienda de toda la cadena que tenía tres empleados con el nombre Ted. El primero, era el gerente de la tienda. El segundo, nunca hablaba. Y el tercero, el más interesante del grupo, fue con el que más hablaba. Este último se dedicaba a siempre hablar de música electrónica. Me podía hablar del número de *beats* que escuchaba en una canción de cinco minutos. Todas sus conversaciones eran una misma. De pronto cambiaba el disco, pero siempre era una misma tonada, por así decirlo. Nosotros siempre abríamos la tienda los domingos. Por razones obvias, la mayoría de mis compañeros no preferían ir a trabajar los domingos a las 7 de la mañana. Uno de esos domingos llegué un poco más temprano de lo usual. Mientras esperaba en la puerta, llegó una joven de pelo corto y ojos azules que se había saturado el rostro con maquillaje para ocultar su acné y las marquillas que había dejado años atrás. Ella me saludó con una sonrisa más que forzada.

—*Hi, I'm Mariloo!*
—*Hi.*
—*You waiting for Ted as well?*
—*Yeah.*
—*Same...*

No sabía quién era. De pronto una nueva empleada. Ted llegó en su carro despintado con su música electrónica a todo lo que podía soportar el mundo. Desde lejos pude reconocer su pelo largo y color zanahoria con sus gafas negras que no tenían patillas y se suspendían en su cara como por arte de magia. Ese nunca fue un tema en el cual nos detuviéramos más de un minuto. Ese domingo, como muchos otros, no había mucha gente. Si acaso algún tipo que llegaba a la ventanilla de boletaje de *Ticketmaster* dentro de la tienda para comprar (y después revender) algunos boletos para un concierto importante. El día había pasado como cualquier otro. Acomodar discos, seleccionar algún disco para tocar en la tienda, ordenar la sección de libros y revistas. De pronto tuve que ayudar a los pocos clientes del domingo por la mañana. Por su parte, Mariloo parecía tener varias inquietudes en sus primeros días de trabajo. Una de ellas fui yo. Entre su certera distancia alcanzó a apuñalarme lentamente con una pregunta que encadenaría muchas otras:

—*Humm, do you mind if I ask you something?*

Los ojos de Ted, que estaba a mi lado se despertaron con una mirada de desconfianza.

—*Sure.*

—*Ok… Why does your people have carpets hinging in your cars?*

La cara de Ted cambió y no para bien.

—*What?*

—*Yes, in trucks you people tend to put fabric. Why?*

Ted respondió de inmediato elevando su voz.

—*Fudge, Mariloo! Really, we're doing this?*

La verdad en ese momento me perdí en la conversación. No sabía de que altombra hablaba. Ni siquiera qué me quería decir.

—*I just want to know.*

Me quedé pensando en lo que me había dicho. Quizás hablaba de cómo se decoran algunos carros en México. De pronto había visto muchos y no sabía si tenía algún significado. Pero solo tenía unos instantes para responder. No pensé más y le hice una pregunta que nunca me respondió:

—*You think we different, right?*

Sé que no lo dije bien en inglés. Pero algo tuvo que haber entendido. Su maquillaje rebultado no pudo ocultar su enrojecimiento. Ted sonrió y nos dijo que era tiempo de volver a trabajar. Días después, sin Mariloo presente me dijo Ted a confianza: «*we are not that different, my friend*». Eso sí lo pude entender por completo, lo otro no.

ODA A GUAYAQUIL

Lupita Eyde-Tucker

CIUDAD DE INCIENSO, siempre quemando por billete. Enredada en collares de tráfico, la gasolina es endulzante. Por la Carlos Julio Arosemena, la fábrica de Don Café rocía su perfume de café incinerado en el cuello de la ciudad. Cruzando el Salado, hay bullas por la Estatal —están quemando llantas. En las esquinas del Centro, manos queman por tocar y no tocar. Billetes pasan de puño en puño y ese humo sube y se cuelga sobre los techos de los rascacielos. En esta zona ecuatorial, donde nunca sale el sol, las cabezas arden, los bosques se secan vivos. Enciende tu cigarrillo, la vela de tu santuario. Bautizo ritual con aguardiente. Quema la evidencia de tu vida sonámbula. Quema tu Viejo para que no te dé lata. Hecha sus cenizas como ofrenda al río.

AUTORES · AUTHORS

Susana Chávez-Silverman is a Califas-born U.S. Latina writer and flaneuse who (against all odds) is also an educator, aunque she mostly laments what's happened to la Cacademia over the last decade or so. She still finds joy and hope in being la High Priestess of SLOW to her students and former students, some of whom are among her closest compinches. Co-editor of *Tropicalizations: Transcultural Representations of Latinidad* (1997), she's also the author of *Killer Crónicas: Bilingual Memories* (2004) and *Scenes from la Cuenca de Los Angeles y otros Natural Disasters* (2010). Her book, *Heartthrob: del Balboa Café al Apartheid and Back*, will be published next year, by University of Wisconsin Press.

Julio Cisneros es originario de Guatemala. Cisneros es un periodista galardonado con 5 premios *Emmy* por diversos reportajes de investigación. Cisneros ha trabajado por más de veinte años en las principales cadenas de televisión en español de los Estados Unidos. En 2018 publicó su libro *Cementerio de los Sueños Perdidos* en editorial Verbum de España. En 2003 fue seleccionado por U.S. *Small Business Administration* como periodista del año para el estado de Nevada.

Guillermo Corral van Damme (Portugalete, España 1971) creció entre Suiza, España y Bélgica. Desde 1997 es diplomático de carrera, habiendo estado destinado en puestos como Turquía, Tanzania o Bruselas. Entre otros cargos de responsabilidad en el ámbito cultural, ha sido Director General de Política e Industrias Culturales y Consejero Cultural en las Embajadas de Washington D.C. y La Habana. Ha publicado numerosas historias cortas en revistas de prestigio como *Granta*, *Sibila* o *Librujula*, un libro de relatos *Mientras crece el bosque* (La Pereza Ediciones, 2015) y una novela gráfica junto con el dibujante Paco Roca, *El tesoro del Cisne Negro* (Astiberri, 2018).

También ha expuesto en varias ocasiones su obra como fotógrafo.

Lupita Eyde-Tucker writes and translates poetry in English and Spanish, has studied poetry at *Bread Loaf*, is a Fellow at The Watering Hole, and was selected as a Spring 2018 AWP Writer to Writer Mentee. Her poems have recently appeared in *Naugatuck River Review*, *Baltimore Review*, *SWWIM*, *Muse/A Journal*, *Nashville Review*, *Small Orange*, *Azahares*, and are forthcoming in Aquifer: *The Florida Review Online*. In 2017 she was nominated for a Pushcart Prize. Her poems can be found on her website: www.NotEnoughPoetry.com

Indira Yadira Arianna García Varela (Chihuahua, Chih, Mex. 1982) is a Ph.D. student in the Department of Spanish and Portuguese at the *University of Kansas*, where her research concentrates on medieval and early modern literature and culture. In 2012, she received her B.A. in Art History, Philosophy and Museum Studies from Arizona State University. Aside of her literary studies, her interests include photography and curatorial studies as well as critical theory.

Rich Gerston has an M.A. in Geography. He lived 2 1/3 years in Chile, traveled its length, and taught fourth grade at the American International School in Santiago. He lives in Rancho Mirage, California.

Pablo Iglesia es licenciado en Sociología, viajero y escuchador de voces, nazco en el final de la dictadura franquista y crezco escuchando a *Led Zeppelin* y a *Quilapayun*. Tras acabar la carrera y viajar por Europa, vivo en Londres buscando excitar mis sentidos y encontrando respuestas a la pregunta: *¿hacia dónde se dirige el mundo?*

Francisco José Medrano Cuadra nació en León, Nicaragua en 1976. Emigró con su familia a los Estados Unidos en 1988. Obtuvo su licenciatura y maestría en literatura hispánica en la *Florida International University* en Miami. En 1999, se enlistó en la Armada de los Estados Unidos. Durante este tiempo estuvo en Virginia e Italia. Ha publicado tres libros: *Poesía incompleta I* (2007), *Cuentos incompletos I* (2008) y *Poesía conclusa* (2009). Francisco fue maestro de español y literatura en el Condado de *Palm Beach* por once años y profesor adjunto en *Palm Beach State College*. Actualmente es profesor en el *Defense Language Institute* en Monterey, California.

Luis Felipe Lomelí (Etzatlán, 1975), known for depicting social injustice, was invited to Colombia by Laura Restrepo as a writer-in-residence (2006) and to South Africa by Nadine Gordimer (2011). "Arandas" appears in his unpublished book *Perorata*, winner of the 2017 Gilberto Owen National Literary Award.

Sebastian Ocampos nace en Asunción, Paraguay, 1984. Escritor y editor. Mención en el Premio Academia Paraguaya de la Lengua Española 2015, por su primer libro, *Espontaneidad*, que compila cuentos premiados en concursos locales, traducidos al portugués y el inglés, y publicados en periódicos, revistas y antologías nacionales e internacionales. Director fundador de la RevistaY.com y el Taller de Escritura Semiomnisciente. Jurado de concursos literarios locales y regionales, entre los que cabe destacar el Premio Itaú Cuento Digital 2017. Expositor invitado de universidades, mercados culturales, foros y ferias del libro de Paraguay, Argentina, Colombia y Rep. Dominicana. Autor seleccionado como uno de los veintitrés escritores jóvenes de América para el ProyectoArraigo.com.

José Manuel Ortiz Soto (Guanajuato, México, 1965). Pediatra y cirujano pediatra. Ha sido guionista de cómic y autor de canciones. Ha publicado dos libros de poesía: *Réplica de viaje* (2006) y *Ángeles de barro* (2010); así como los libros de minificción *Cuatro caminos* (2014) y *Las metamorfosis de Diana/Fábulas para leer en el naufragio* (2015); es antólogo de *El libro de los seres no imaginarios. Minibichario* (2012), *La marina de Ficticia* (2018), y coantólogo de *Alebrije de palabras. Escritores mexicanos en breve* (2013) y *El Tótem de la rana. Catapulta de microrrelatos* (2017). Sus minificciones se encuentran en diversas antologías nacionales e internacionales. Coordina la Antología virtual de minificción mexicana. Contacto: manolortizs@msn.com y @jmanolortizs

Marcos Pico Rentería (Apatzingán, 1981) completa su licenciatura y maestría en *University of Nevada, Reno* (Estados Unidos) en Literatura y Letras Extranjeras con énfasis en español. En la misma recibe un nombramiento como instructor y asistente de investigación. Obtiene su doctorado en *Arizona State University* (Estados Unidos) en 2016 con su tesis doctoral sobre el grupo literario mexicano *Crack* y sobre dos colecciones de ensayo de Jorge Volpi. Editor de *Nueve délficos. Ensayos sobre Lezama* (2014, ensayo) publicado por la editorial Verbum (Madrid). Además, varios de sus textos han aparecido en revistas como *Conexos*, Aurora Boreal, *La Santa Crítica, Revista Crítica, Nuestra Aparente Rendición, Eñe: Revista para leer, Vozed, Digo.palabra.txt, Confluencia* y en antologías como *Alebrijes de Palabras* (2013), *Pelota Jara: Cuentos de fútbol* (2014). Actualmente es profesor en *Defense Language Institute* en Monterey, California.

Carlos Ponce Meléndez es el autor de una novela: *El Gringo Latino*; una colección de cuentos; *Pláticas de Mi barrio*; dos cuentos para niños y numerosas poesías que han sido publicadas en revistas en español y en inglés. En sus escritos, Ponce incorpora experiencias como sociólogo, periodista y maestro en México y en los Estados Unidos.

Mauricio Tovar Valenzuela es un *street artist* específicamente en la técnica del estencil, cocinero de profesión y fundador de *Funky Cook*. Un proyecto que combina diseño, arte y gastronomía. Ha elaborado ilustraciones para algunos chefs como Lula Martín del Campo, Roberto de la Parra, José Ramón Castillo, Josefina Santacruz, Enrique Olvera, entre otros. Además de su obra urbana, ha colaborado con proyectos artísticos como la inauguración del *food truck* "El Buen Burgués," ha participado en las portadas para las revistas *Frente* y *Moi*. Hoy en día, *Funky Cook*, mezcla la cultura mexicana con la cultura pop. Hasta ahora su obra puede encontrarse en Tlaxcala, Hidalgo y CDMX. Se ha creado publicaciones sobre el proyecto en revistas como: *Quién, Frente, Moi y Dónde ir.*

Michael T. Smith has published over 30 poems in the last year in over 10 different journals (including *Bitterzoet, Visitant, Tau Poetry Journal, Eunoia Review, Adelaide Literary Magazine, Bitchin Kitsch,* and *Taj Mahal Poetry Journal,* among others). He also has critical work recently published in *Symbolism and Cinematic.*

DIGITUS INDIE PUBLISHERS
www.digitusindie.com
EDITORES INDEPENDIENTES

CPSIA information can be obtained
at www.ICGtesting.com
Printed in the USA
FSHW020202280219
55993FS

9 780998 253923